J. DE CROZALS

PROFESSEUR D'HISTOIRE A L'UNIVERSITÉ DE GRENOBLE

LE

COMMERCE DU SEL

DU SAHARA AU SOUDAN

Étude de Géographie Africaine.

GRENOBLE

IMPRIMERIE F. ALLIER PÈRE ET FILS

Cours Saint-André, 26

1896

J. DE CROZALS

PROFESSEUR D'HISTOIRE A L'UNIVERSITÉ DE GRENOBLE

LE

COMMERCE DU SEL

DU SAHARA AU SOUDAN

Étude de Géographie Africaine.

GRENOBLE

IMPRIMERIE F. ALLIER PÈRE ET FILS

Cours Saint-André, 26

1896

Extrait des *Annales de l'Université de Grenoble*, 1er trimestre 1896.

A mon Ami Charles NOEL.

« Si sal evanuerit, quomodo salietur ? »

LE COMMERCE DU SEL[1]

DU SAHARA AU SOUDAN

I

La nature, qui a fait du Sahara et du Soudan, malgré leur voisinage, deux régions profondément distinctes, n'a pourtant pas élevé entre elles de ces barrières visibles, dont le dessin net et régulier fixe le regard et satisfait l'esprit. Il est malaisé de dire d'une façon simple et rapide où finit le Sahara, où commence le Soudan ; car, sur la longue ligne de séparation qui court de l'Océan à la vallée du Nil et à la mer Rouge, cette limite est mobile ; il suffit d'une semaine de pluies ou d'un orage diluvien pour la déplacer momentanément ; il dépend de circonstances météorologiques d'étendre ou de resserrer cette zone intermédiaire, tour à tour reconquise par la stérilité ou l'énergie productrice, dans laquelle se fondent ou se juxtaposent deux mondes en apparence contraires.

---

[1] Nous avons déjà publié deux articles sous le même titre, il y a dix ans, dans la *Revue de Géographie* (avril, mai 1886). Mais les importantes découvertes dont la région soudanienne a été le théâtre pendant cette période de dix années, nous ont fait un devoir de remanier cette étude et nous ont permis, en même temps, d'en faire un travail tout à fait nouveau.

Sur cette limite, en effet, les observateurs les plus attentifs n'ont pas réussi à constater de modification appréciable dans la constitution ou la configuration du sol.

La diversité du régime météorologique, et la distribution des pluies qui en est la conséquence, a créé entre les deux régions parallèles du Sahara et du Soudan une opposition séculaire. Quand on met en regard la richesse de la flore soudanienne et le dénuement végétal du Sahara, on admet difficilement que les rares populations du désert ne soient pas les tributaires besogneux ou les oppresseurs intermittents des peuples de la région noire ; on imagine plutôt une série de razzias violentes qu'un échange régulier de produits ; on cherche quel a pu être l'objet de relations commerciales, et de quel prix le Sahara peut payer les richesses du Soudan. Cet objet n'est autre que le sel.

La nature, prodigue pour le Soudan, lui a envié cependant ce précieux produit, indispensable à la vie de l'homme. Si, par aventure, quelques lagunes intermittentes laissent à leur surface, en se desséchant, des résidus salins, c'est une insuffisante ressource pour une population de plusieurs millions d'habitants [1] ; et ces produits impurs, dont se contentent les tribus les moins favorisées du Soudan, ne sauraient être mis en comparaison avec le sel riche et généralement plus pur du Sahara.

Cette immense région est, en effet, comme l'inépuisable grenier à sel du Soudan [2]. Il appartient aux géologues d'expliquer l'origine de cette richesse minérale et de dire s'il faut y voir le témoin d'une mer desséchée. Le débat est encore ouvert entre eux, et les deux opinions opposées ne manquent ni de partisans, ni de raisons.

Dès aujourd'hui, l'observation des faits a mis hors de discussion la présence dans toutes les parties du désert de nombreux dépôts de

---

[1] Behm u. Wagner, *Die Bevölkerung der Erde*, ap. *Mittheilungen, Ergänz.*, vol. XV, n⁰ 69.

[2] « La nature a doté le désert d'un trésor qui, sous la loi du besoin, oblige les hommes au commerce dans des lieux qui, sans cela, eussent été abandonnés de tous. Ces trésors, ce sont de vastes dépôts de sel, consistant, les uns, en lacs salés ; les autres, en monticules. Ils fournissent une denrée de première nécessité, qui a été refusée aux contrées intérieures de l'Afrique et qu'elles ne peuvent trouver que là. » Schérer, *Histoire du Commerce*, trad. Richelot et Vogel, t. I, p. 26.

sel gemme, sans parler de cette imprégnation saline du sol lui-même qui caractérise d'immenses étendues du Sahara.

Hérodote parlait déjà, avec une suffisante précision, de cette zone salifère du désert qui s'étendait, suivant lui, « depuis Thèbes, en Égypte, jusqu'aux colonnes d'Hercule [1] ». Il signalait cette remarquable abon-

---

[1] « En avançant dans le milieu des terres, on rencontre la Libye, au-delà de laquelle est une élévation sablonneuse, qui s'étend depuis Thèbes, en Égypte, jusqu'aux colonnes d'Hercule. On trouve, dans ce pays sablonneux, environ de dix en dix journées, de gros quartiers de sel sur les collines. Du haut de chacune de ces collines, on voit jaillir, au milieu du sel, une eau fraîche et douce. (Hérodote, trad. Larcher, IV, 181.)

« A dix autres journées de chemin après les Ammoniens, on trouve, sur cette élévation de sable, une autre colline de sel, semblable à celle que l'on voit chez les Ammoniens, avec une source d'eau. » (*Ibid.*, IV, 182.)

« A dix autres journées d'Augiles, on rencontre une autre colline de sel avec de l'eau... Les Garamantes habitent ce pays. » (*Ibid.*, IV, 183.)

« A dix journées des Garamantes, on trouve une autre colline de sel, avec une fontaine et des hommes à l'entour ; ils s'appellent Atarantes, et sont les seuls hommes que je sache n'avoir point de nom. » (*Ibid.*, IV, 184) Il s'agit ici des salines actuelles de Bilma.

« A dix autres journées de chemin, on rencontre une autre colline de sel avec de l'eau et des habitants aux environs. Le mont Atlas touche à cette colline. » (*Ibid.*, IV, 184.)

« Cette élévation de sable s'étend jusqu'aux colonnes d'Hercule, et même par delà. De dix journées en dix journées, on y trouve des mines de sel et des habitants. Les maisons de tous ces peuples sont bâties de quartiers de sel ; il ne pleut, en effet, jamais dans cette partie de la Libye ; autrement les murailles des maisons étant de sel, tomberaient bientôt en ruines. On tire de ces mines deux sortes de sel : l'un blanc et l'autre couleur de pourpre. » (*Ibid.*, IV, 185.) René Caillié parle aussi de ces maisons construites en « briques de sel ». C'est à propos de Trasas, ou Trazah, que M. Jomard identifie avec Tegazza. — « Dans la même plaine, dont la surface est composée d'un sable gris et dur, on trouve de gros blocs de sel, et, à peu de distance de l'endroit où l'on abreuve les bestiaux, plusieurs maisons construites en briques de cette substance. » (Caillié, II, 418.)

A propos de cette assertion d'Hérodote que « cette élévation de sable s'étend jusqu'aux colonnes d'Hercule, et même par delà », M. Berlioux présente les observations suivantes : « Ce détail paraît être étrange et même est inexplicable, si les colonnes d'Hercule dont il est question ici sont les deux rives rocheuses qui se dressent à l'entrée de la Méditerranée. Mais il faut savoir que l'identité de ces deux fameuses stèles avec les pointes de Calpé et d'Abyla, est loin d'être démontrée. Lorsque les géographes anciens ont voulu vérifier le fait de savoir à quel point précis il fallait mettre ces stèles, ils n'ont rien trouvé sur le détroit qui répondît à la légende. (Stra-

dance de sel gemme [1], et le parti qu'en tiraient certaines peuplades pour la construction de leurs habitations.

Ce n'est pas seulement dans les régions où une dépression considérable et d'innombrables vestiges attestent avec certitude la présence d'une ancienne mer, que se remarque le caractère salin du Sahara. On peut affirmer, semble-t-il, que sauf les parties envahies par le sable et les massifs montagneux, on retrouve partout dans le désert soit des dépôts de sel gemme, soit une saturation si profonde du sol lui-même que partout le sel est à la portée de l'homme. Quand il ne s'offre pas directement lui-même, il trahit sa présence par la qualité de la flore ou l'altération des eaux qui se sont modifiées à son contact. Il n'est pas de bas-fond où l'on n'en retrouve des traces, et un des plus récents explorateurs du désert libyque fait remarquer que, pour un certain nombre de plantes de cette zone, les éléments salins qui les constituent ou qui les recouvrent sont une condition essentielle de vie; sans eux, elles ne pourraient jamais absorber la dose presque insaisissable d'humidité de l'atmosphère saharienne. Il est des arbres, l'éthel, par exemple, qui sont presque toujours couverts d'une couche de poussière de sel [2].

A mesure que l'exploration du désert devient plus active et que les résultats se précisent, la liste des régions où le sel s'offre à l'homme devient plus longue. Sans doute les régions où il n'en existe pas de traces sont l'exception [3]; on le trouve même sur des points où la pré-

---

bon, liv. III, ch. v, § 4.) En revanche, on peut voir que les Atlantes représentaient leurs montagnes comme une véritable colonne. Alors on arrive à cette conclusion que les colonnes d'Hercule ont pu être primitivement des sommets de l'Atlas méridional. C'est à cause de cela que les Égyptiens avaient pu dire à Hérodote que la route des oasis passait au pied de ces colonnes et se prolongeait beaucoup plus loin. Elle allait jusqu'à l'Océan et se continuait même à travers le Sahara occidental dans la direction des mines d'or » (Berlioux, *Histoire de l'Atlantis*, p. 66 ; ap. *Annuaire de la Faculté des Lettres de Lyon*, 1re année, 1er fasc.)

[1] Humboldt croyait pouvoir rattacher ces gisements aux dépôts de sel gemme de la Sicile et de la Palestine. (*Tableaux de la Nature*, trad Galuski, t. Ier, pp. 139-140.)

[2] Gerhard Rohlfs, *Kufra*, Leipzig, 1881, p. 160.

[3] Dans sa carte géologique de l'Afrique occidentale, le docteur Oscar Lenz (ap. *Peterman's Mittheilungen*, 1882, t. Ier) signale trois larges dépôts salins : le premier, au sud de Taoudeni ; le second, au sud de Wadan ; le troisième, entre Tischit et

sence d'eaux douces semblerait démentir l'hypothèse de sa présence ;
c'est un phénomène fréquent dans les oasis que le jaillissement d'une
source d'eau douce dans le voisinage immédiat d'un lac salé[1].

II

La privation de sel est la première chose qui frappe le voyageur
européen au seuil du Soudan, de quelque côté qu'il l'aborde. René
Caillié, arrivant chez les Mandingues de Timé, écrit : « Je me trou-
vais fort bien avec ces bonnes gens, à la nourriture près, qui me
paraissait détestable, à cause surtout de la privation totale du sel...[2] »
Dans la même ville, ayant reçu un cabri en cadeau, il donna la peau
de l'animal en échange d'un morceau de sel[3].

La rareté de la denrée en fait un objet de luxe ; manger du sel, des
aliments assaisonnés au sel est un régal de riche ; en offrir, est un
plaisir réservé aux jours de fête.

« Le sel... cette denrée trop chère, ne figure dans la cuisine des
Mandingues de Timé que les jours de fête ou lorsqu'ils ont des étrangers de distinction. Ils sont tellement habitués à s'en passer que ce ne
devrait pas être pour eux une grande privation ; et cependant toutes
les fois qu'ils mangent de la viande, ils en mettent un peu. Ils
aiment mieux, m'ont-ils dit, retarder leurs galas de quelques jours
que de se priver de cet assaisonnement[4]. »

Chez les Mandingues de Timé, on offre aux femmes qui viennent de
subir l'opération de l'excision, un grand dîner dans lequel on met
du sel[5].

Imod-Elan, à peu près à mi-distance entre Wadan et Walata. Chacun de ces dépôts,
qui affectent sur la carte la forme elliptique, a environ de 100 à 150 kilomètres de
longueur dans le sens du plus grand axe. Il ne s'agit ici que de l'extrême occident
du désert, formant à peine un quart de sa surface totale. En outre, la même carte
représente le Djouf comme plein de dépôts de sel gemme.

[1] G. Rohlfs, *Kufra*, p. 271.
[2] *Ibid.*, II, 7.
[3] *Ibid.*, II, 8.
[4] *Ibid.*, II, 16.
[5] *Ibid.*, II, 47.

Quand un étranger arrive à Timé, ayant des parents et des amis dans le village, « s'il ne se rend pas directement chez eux, ceux-ci, dès qu'ils en sont informés, ont soin de faire préparer un énorme dîner ; ils font le sacrifice de tuer une volaille et d'y joindre du sel, et ils font porter le tout par leurs femmes au nouvel arrivé[1] ».

Les Mandingues du Ouassoulou emploient très rarement le sel, qui est aussi chez eux un objet de luxe[2].

Les Bambaras ne sont pas plus heureux : Caillié les a vus au marché de Débéna, dans le Ouassoulou : « Les gens de la caravane établirent leurs petites boutiques de sel et de kolas qu'ils échangèrent avec les Bambaras qui, pour une valeur de dix cauris, assaisonnent le dîner de toute une famille. Rarement néanmoins ils se décident à faire cette dépense ; et quand ils achètent du sel, ils le réservent pour les jours de fête ou de réjouissance[3]. »

A Couroussa, où Caillié franchit le Niger, la nourriture habituelle des habitants est du riz cuit à l'eau, sans sel... Comme le sel commence à être très rare, les habitants n'en font usage que les jours de fête ou de réjouissance[4].

Dans la boucle du Niger, quand on consulte un *kéniélala* (diseur de bonne aventure), on le paie en sel ou en cauris[5].

Gallieni constate que, chez les Bambaras, le sel manque entièrement ; l'absence de cette denrée est particulièrement sensible à ces populations qui l'achètent le plus souvent à des prix exorbitants[6].

« Les Bambaras emploient la matière saline extraite des cendres ; le plus souvent, ils se passent de sel (à cause de son prix). Pendant tout notre séjour à Nango, nos hommes ont mangé des mets non salés ; nous-mêmes, nous avons eu la plus grande peine à nous en procurer.

« On comprend qu'un pareil système de nourriture doit avoir les effets les plus déplorables sur l'état de santé général des Bambaras. Aussi voit-on régner parmi ces indigènes, ordinairement de haute

---

[1] Caillié, II, 52.
[2] *Ibid.*, I, 445.
[3] *Ibid.*, II, 107.
[4] *Ibid.*, I, 369.
[5] Binger. *Du Niger au golfe de Guinée*, I, 42.
[6] Gallieni, *Voyage au Soudan français*, p. 384.

taille et bien constitués, les maladies dites alimentaires ; la plupart deviennent rapidement héméralopes[1]. »

Le mets bambara, le lack-lallo, se prépare sans sel, avec de la farine de mil, simplement délayée dans l'eau et assaisonnée avec un bouillon de feuilles de baobab[2].

Dans toute la région entre le Sénégal et le Niger, Gallieni est frappé tout d'abord par l'absence presque complète du sel dans l'alimentation ; il est remplacé souvent par la potasse grossière que l'on extrait des cendres pour la fabrication du savon et du tabac à priser[3].

La détresse est la même dans le Soudan central ; sur les bords du Tchad, les habitants de plusieurs villages n'ont d'autre occupation que de brûler les racines de certaines plantes, notamment du siouak (*capparis sodata*), pour en retirer les cendres, employées en remplacement du sel.

Ces conditions se retrouvent les mêmes dans toute la région soudanienne. Les nègres de l'Oubangui, également déshérités sous le rapport du sel, ont recours à la fabrication de sels artificiels dont l'explorateur Dybowski nous a donné le secret.

« Les eaux de l'Oubangui, dont la crue est terminée, sont tellement calmes, que l'on voit çà et là de grandes plaques faites d'écume et de débris de toutes sortes qui semblent stagner sur la rivière, et au milieu de ces amas croissent abondamment de petites plantes (*Pistia*) qui ressemblent à des laitues et qui flottent sur l'eau. Ces amas se composent encore de graminées et de polygonies.

« A mon grand étonnement, je vois de petites pirogues, portant seulement un homme ou deux, s'en aller vers ces masses herbeuses et, armés d'une perche, ces hommes les récolter pour en charger leur frêle embarcation. Ils les amoncellent de telle sorte que bientôt la pirogue entière disparaît, et l'on dirait d'une petite meule de foin qui flotte. Je me renseignai sur ce que l'on pouvait bien faire de ces herbes ; on me dit qu'elles étaient destinées à la fabrication du sel.

« En effet, j'eus l'occasion de contrôler la véracité de ce dire. Près de l'endroit où nous avions établi, le soir, notre campement, existait

---

[1] Gallieni, *Voyage au Soudan*, 451.
[2] *Ibid.*, 373.
[3] *Ibid.*, 575.

une de ces petites fabriques. Toutes les herbes récoltées étaient là, étendues sur le sol pour sécher un peu. D'autres plus ressuyées, formaient des sortes de meules, auxquelles on avait mis le feu avec quelques fagots. La cendre qui résulte de ce brûlage est jetée dans des marmites pleines d'eau. Cette eau est ensuite passée à travers un linge et évaporée à sec. On obtient ainsi une substance cristallisée, dont les indigènes se servent pour saler leurs aliments. J'ai rapporté de ce sel, et l'analyse a démontré qu'on n'y trouvait pas un atome de chlorure de sodium, mais qu'il était fait presque exclusivement de chlorure et de sulfate de potasse. On était habitué à considérer ces substances comme peu utiles, sinon même nuisibles ; cependant, c'est le seul dont les indigènes se servent, pour la raison que le sel marin ne leur provient de nulle part ; car ils ne sont en contact régulier ni avec les Européens, qui pourraient l'importer de la mer, ni avec les Maures, qui le font venir du Sahara [1]. »

Dès qu'un pays du Soudan est ravagé par la guerre, les relations commerciales étant suspendues, le sel est le premier article de consommation dont la privation se fait sentir.

Lorsque Binger traversa le Gourounsi, ce pays venait d'être dévasté par la guerre et absolument ruiné. Il n'était possible de s'y procurer que du mil et du sorgho ; le sel y faisait absolument défaut. Les habitants usaient, en guise de sel, d'une cendre qu'ils obtenaient en brûlant des herbes vertes [2]. Dans l'armée de Samory, l'almamy et ses chefs seuls ont un peu de sel [3]. C'est un des plus précieux privilèges

---

[1] Dybowski, *La route du Tchad* (1893), pp. 208 à 211.
Voici, d'après le même auteur, l'analyse de ce sel :

Chlorure de potassium	67.98
Sulfate de potasse	28.73
Carbonate de potasse	1.17
Matières insolubles	1.65

« Il est très surprenant de voir quelle est la quantité extrêmement faible de carbonate de potasse que l'on rencontre dans ces sels. On sait, en effet, que presque toutes les plantes en contiennent des proportions beaucoup plus grandes. L'absence de ce sel qui, par ses propriétés caustiques, rendrait l'usage de la matière absolument impossible, provient du choix que les indigènes savent faire des herbes qu'ils brûlent. » (*Ibid.*, p. 211.)
[2] Binger, *Du Niger au golfe de Guinée...* (1887-1889), I, 447.
[3] *Ibid.*, I, 100.

du commandement. On comprend, par ces exemples, quelle place a dû tenir de tout temps ce produit de première nécessité dans les préoccupations d'une race auquel la nature l'a refusé.

Un griot, improvisant une chanson devant le roi Tantafara, qu'il voulait disposer en faveur des voyageurs Zweifel et Moustier, représente les blancs comme les dispensateurs providentiels du sel. Toutes les convoitises que le mot *or* éveillait dans l'imagination d'un *conquistador*, il semble que le mot *sel* les suscite dans l'esprit d'un Soudanien.

« Oubliez-vous que ce sont les blancs qui font les étoffes, les perles, les fusils, la poudre, le *sel* et toutes les belles choses qui viennent de la côte ?...

« J'ai vu dans leurs cours des *montagnes de sel*, à Kakandi, à Bangalou, à Benty, à Cassa. Quand les Foulahs vont les voir, ils leur donnent du *sel* sans les faire payer ; ils donnent même du sel à leurs vaches et à leurs moutons ; tandis que vous autres, qui ne savez pas ce que c'est que la côte, vous vendez vos enfants pour avoir *une poignée de sel*[1]. »

III

Il convient de passer en revue les emplacements salins qui ont été, à des époques différentes, l'objet d'une exploitation active ; ils ont fourni les éléments des relations commerciales qui, depuis des siècles, ont animé le désert.

L'exploration directe du Sahara par les Européens date seulement de notre siècle. C'est donc indirectement, et par une sorte de contre-coup des expéditions maritimes et du relevé des côtes, que l'Europe fut pour la première fois instruite des richesses minérales du Sahara. Dès 1454-55, le Vénitien Ca-da-Mosto, engagé au service de l'Infant Don Henri, rapportait de son voyage sur les côtes du littoral africain les informations suivantes : « Au-dessus de Hoden (aujourd'hui Wadan, dans l'Adrar), six journées en terre ferme, y a un lieu qui s'appelle Tegazza, qui signifie en notre langue *charriement d'or*; là où se tire du sel en grande quantité, comme pierre, que les Arabes

---

[1] Zweifel et Moustier, *Bulletin de la Société de Géographie*, 1881, I, 142.

et Azanaghes divisent en plusieurs parties, lesquelles ils portent à grandes caravanes à Tombut et de là à Melli, empire des noirs, où il n'est pas plus tôt arrivé qu'il est enlevé en moins de huit jours, au prix de 2 à 300 mitigaux la charge; (et vaut le mitigal un ducat ou environ) ; puis avec leur or font retour en leur marché.

« Ils disent qu'il y a de Tegazza à Tombut environ 40 journées de cheval, et 30 de Tombut à Melli. Et m'étant enquis de ceux-ci à quoi emploient ce sel les marchands de Melli, il me fut répondu qu'il s'en use en leurs pays quelque quantité, pour autant que la proximité qu'ils ont avec l'Équinoxial il y a de grandes chaleurs en certains temps de l'an, au moyen de quoi le sang vient à se corrompre et putréfier ; tellement que, si ce n'était ce sel, ils en prendraient la mort. Mais ils y pourvoient par un tel remède ; ils prennent une petite pièce de ce sel qu'ils détrempent avec un peu d'eau dans une écuelle, de laquelle ils usent et boivent tous les jours, chose qui les contregarde et guérit.

« Le reste du sel transportent en pièce de telle forme et grandeur qu'un homme les puisse porter avec un engin et habillement sur la tête un long voyage. Mais premièrement, il est apporté à Melli sur des chameaux en deux grandes pièces tirées de la mine, qui semblent propres à faire la charge des chameaux, un chacun desquels en porte deux pièces ; puis étant parvenus à Melli, ces nègres le rompent en plusieurs parties pour le porter sur la tête, de sorte que chacune personne en peut porter une pièce ; ce qu'ils font par un long espace de chemin avec un tel amas de gens à pied qu'ils ressemblent à un exercite ; et ceux qui le portent ont une fourchette à la main, laquelle ils fichent en terre quand ils se trouvent lassés, appuyant le sel sur icelle ; et en cette manière le conduisent jusque sur une certaine eau, laquelle ils n'ont su rapporter si elle est douce ou salée, pour savoir si c'est un fleuve ou une mer. Mais je pense que ce soit un fleuve ; car si c'était une mer, pour être en un climat si chaud, on n'aurait que faire de porter du sel, que ces noirs ne sauraient charroyer autrement, parce qu'ils n'ont chameaux ni autres animaux pour les conduire, sinon en cette manière... Je vous laisse à penser quelle multitude de personnes est requise à porter ce sel et combien est grand le nombre de ceux qui en usent.

« Or, ainsi qu'il est arrivé sur cette eau, ils font en cette manière : tous ceux à qui appartient le sel en font des montagnes de rang,

dont chacun marque la sienne ; puis tous ceux de la caravane se retirent en arrière une demi-journée, pour donner lieu à une autre
génération de noirs qui ne veulent se laisser voir ni parler, et viennent avec de grandes barques, comme s'ils sortaient d'une île ; puis
prennent terre ; et ayant vu le sel, mettent une quantité d'or à l'en-
contre de chacune montagne, se retirant et laissant l'or et le sel ; puis
étant partis, les autres retournent, prennent l'or si la quantité est
raisonnable ; sinon ils le laissent avec le sel, vers lequel retournent
les autres noirs de l'or ; ils prennent la montagne de sel qu'ils trouvent sans or, et en laissent davantage aux autres montagnes si bon
leur semble, ou bien laissent le sel. Et en cette sorte troquent cette
marchandise les uns avec les autres, sans se voir ni parler, par une
longue et ancienne coutume, laquelle, combien qu'elle semble fort
étrange et difficile à croire, si est ce que je vous assure en avoir été
informé à la vérité par plusieurs marchands, tant Arabes qu'Azanaghes,
voire et de personnes qui étaient tant suffisantes qu'on se pouvait sûre-
ment reposer sur leurs paroles[1]. »

En traduisant ce passage des *Navigations de Messer Alouys de
Cademoste*, Jean Temporal était frappé du profit que les nations
européennes elles-mêmes trouveraient à faire un semblable trafic.
C'était le moment où la curiosité des esprits, éveillée par la nou-
veauté et la grandeur des découvertes, s'ingéniait à tirer parti de
tous les avantages : « On pourrait, dit-il, conduire toutes sortes de
marchandises par le fleuve Niger[2] qui est de moindre étendue que

---

[1] *Discours sur ce qui est contenu dans les navigations de Messer Alouys de Cademoste,
gentilhomme vénitien*, trad. de Jean Temporal, à la suite de sa traduction de *l'Afrique*
de Léon l'Africain, édition de 1830, t. II, p. 363 à 367. — On trouve le texte ita-
lien, ap. G.-B Ramusio, *Delle navigationi e viaggi* (in *Venetia*, in-f°). Le premier
des trois volumes est de 1588. Le chapitre relatif à Tegazza est au vol. Ier, p. 100.
Ce chapitre a pour titre : *D'un legho detto Tegazza dove si cava grandissima
quantità di sale, e dove quello si porta, e come e in che modo si fa la mercatantia di
esto sale.*

[2] On ne doit pas oublier que pour Jean Temporal, comme pour Marmol, son con-
temporain, le Niger coule de l'Est à l'Ouest à la hauteur du 15e parallèle, et que le
Sénégal n'est qu'un des bras du Niger. « L'an 1445, un capitaine portugais décou-
vrit l'embouchure du Niger à la hauteur du 15e. C'est un bras de ce fleuve qui
sépare les déserts de la Libye d'avec les Benhays et les Chélofes, et, par conséquent,
les blancs des nègres. On le nomme Sénéga, du nom d'un seigneur avec qui les
Portugais trafiquèrent d'abord. » (Marmol, *l'Afrique*, trad. de Nicolas Perrot, sieur
d'Ablancourt, 3 vol. in-4°, 1867, t. III, p. 47.)

le Nil et navigable par l'espace de 500 milles et plus, traversant et
côtoyant toujours royaumes et cités. Outre ce, quel gain pourrait-
on rapporter en y conduisant le sel, qui est de si grande requête en
ce pays-là, chargeant les navires à l'une des îles du cap Vert [1] sur-
nommée l'île du Sel, non à autre occasion que pour les lacs qui s'y
trouvent dans lesquels il est congelé? Et par ceci il est à supposer
qu'il y aurait grande concurrence de marchands, par le grand profit
qui en proviendrait, mêmement que le voyage est si court avec ce
qu'on n'y emploierait si longtemps, ni si grands frais comme à
naviguer aux Indes Orientales. Et outre l'infinité d'or pur, on en
rapporterait encore plusieurs noirs, lesquels étant conduits en l'île
Saint-Jacques du cap Vert se pourraient vendre aux Indes Occiden-
tales [2]. »

Marmol ajoute quelques indications au récit de Ca-da-Mosto et nous

---

[1] « L'île du Sel, une des îles du cap Vert. Cette île est située à 16° et demi par-
dessus l'équinoxial. Elle n'est habitée, à cause de sa grande stérilité; tellement qu'il
ne s'y trouve autres bêtes que des chèvres assez sauvages, joint que son assiette est
un lieu bas et peu fortuné. L'eau de la mer monte en aucuns lieux, comme fosses
et petits marécages, et au temps que le soleil entre le tropique du Cancer, passant
par dessus le niveau, incontinent l'eau entrée dans ces fosses se congèle toute en sel;
ce qui advient pareillement en toutes les îles du cap Vert, voire même jusqu'aux
Canaries; mais en celle-ci s'en trouve plus grande abondance qu'en toutes les autres,
qui a causé qu'on l'appelle l'île de Sel. Après celle-ci, l'on trouve l'île de Bonne-Vue,
et quasi auprès d'elle est l'île de Mayo, dans laquelle il y a une grande fosse, tenant
de longueur l'espace de deux lieues, et autant de largeur, tant pleine de sel congelé
par l'ardeur du soleil qu'il suffirait à la charge de mille navires. Ce sel est commun
à tous qui en veulent tirer, non plus ni moins que de l'eau de la mer. » (*Navigation
de Lisbonne à l'île de Saint-Thomas, dressée par un pilote portugais*, trad. de Temporal, ap. *De l'Afrique* de Léon l'Africain, t. II, p. 526.) Voir détails complémentaires
sur la production du sel dans les îles du Sel, de Bonne-Vue et de Mayo, les quantités
recueillies, le mode d'exploitation, dans les récits de voyages de Le Guat (*Voyage aux
Indes-Orientales*, p. 11), Dampierre, Roberts, Dapper, analysés dans l'*Histoire générale des voyages* de l'abbé Prévost, II, pp. 364, 371, 400.

On appelle aujourd'hui cette île l'*ilha do Sal*. « Bien que son sol fournisse à peine
assez d'herbe pour nourrir quelques chevaux, des bœufs et des chèvres, on peut dire
que c'est une des plus riches de l'archipel. Le sel qu'on y recueille annuellement est
porté sur les marchés du Brésil, de la Plata et à la côte d'Afrique. » (Vivien de Saint-
Martin, *Dictionn. de Géogr.*)

[2] Temporal, *op. cit.*, t. II, pp. 327, 328.

représente l'organisation du travail des salines à Tegazza au xvie siècle[1] :
« Il y a une carrière, dans ce désert, dont on tire le sel de roche qui
est de diverses couleurs, et c'est peut-être une des montagnes qu'Hérodote met entre la ville de Thèbes d'Afrique et les Colonnes d'Hercule. La plus part de ceux qui tirent le sel sont estrangers et ont leurs
cabanes autour des carrières ; car les gens du pays ne veulent rien
faire qu'aller après leurs troupeaux, d'autant plus que ces salines sont
dans des déserts éloignés de toute sorte d'habitation. Et quand les
caravanes vont quérir le sel, il y demeure toujours quelques-uns des
palefreniers, sur l'espérance du gain, et ils travaillent à la mine, et
gardent le sel jusqu'à la venue des marchands d'Y__ ou de Tombut.
Chaque chameau porte quatre pierres de sel qui pèsent environ trente
arrobes (7 ou 800 livres) et avec cette charge ils traversent des déserts
de sablons..... Ceux qui travaillent aux mines de sel, quoiqu'ils ga-
gnent beaucoup, vivent misérablement, parce qu'ils ne savent à quoi
employer leur argent. Car il n'y a rien dans ces déserts qu'ils puis-
sent manger que ce qui leur vient de Tombut ou de Dara, à deux
cents lieues de là par le plus court chemin ; et quand les caravanes
tardent à venir, elles les trouvent tous morts de faim. D'ailleurs il
souffle l'esté un vent de Sud-Est en ces quartiers qui leur fait quelquefois perdre la veuë et leur cause une espèce de goutte aux genoux, et
les affaiblit de sorte qu'ils sont contraints de boîter. Ajoutez à cela qu'il
n'y a point d'eau que celle de quelques puits salez, qui sont près des
mines ; mais la convoitise du gain est si grande que, malgré tous ces
inconvénients et plusieurs autres, il vient des gens de tout pays pour
y travailler. »

La prospérité des salines de Tegazza ne devait guère survivre à
l'époque où Marmol les décrivait. Après une exploitation qui n'avait
pas certainement duré moins de cinq siècles (du xie à la fin du xvie),
elles furent abandonnées. Déjà au xie siècle, le mouvement commercial dont Tegazza fournissait les éléments était assez considérable pour
que la ville de Djenné, fondée en 1043, dût à son marché de sel
d'être rapidement élevée à la dignité de capitale de royaume[2].

---

[1] Marmol, l'*Afrique*, trad. citée, t. III, p. 43, chapitre intitulé : *De la ville de Tégasa et de ses salines.*

[2] Barth, *Reisen u. Entdeckungen in Nord und Central-Afrika*, t. IV, p. 604.

El-Bekri, qui écrivait dans la seconde moitié du xi° siècle, parle des importantes salines de Tatental, qu'il place à vingt journées de marche de Ssidjil-messa. De son temps, Ghanata et Ssidjil-messa faisaient à Tatental tout leur approvisionnement de sel[1]. Barth n'hésite pas à identifier Tatental et Tegazza ; il déclare du moins que si l'identification n'est pas certaine, ces deux localités étaient assurément très rapprochées l'une de l'autre et sur le même dépôt minier[2]. L'exploitation des salines de Tegazza remontait donc au moins au xi° siècle, et rien ne prouve qu'elle ne fût alors déjà fort ancienne.

On ne connaît pas la cause de leur abandon à la fin du xvi° siècle. Finirent-elles par s'épuiser ? Le doute est permis ; car Marmol nous montre, vers le xvi° siècle, une exploitation en pleine activité ; et c'est en 1596 que les travaux furent suspendus pour ne plus être repris. Il est probable que la conquête du Sonrhay par les Marocains, qui eut lieu alors, jeta un trouble profond dans les conditions économiques de ces contrées, et que les salines de Tegazza, rendues inaccessibles par l'insécurité du pays, furent délaissées pour de nouveaux centres moins exposés et d'une égale richesse.

Si l'on admet l'identification des puits de Trasas ou Trazah, dont parle Caillié, avec Tegazza, comme le proposait en 1830, M. Jomard[3], on aurait, d'après le témoignage du voyageur nantais, l'explication suivante : « Les Maures me dirent qu'il avait existé *très anciennement* à cette place un gros village de leur caste, dont les habitants exploitaient les mines de sel de Trasas, et en faisaient un commerce considérable avec le Soudan. Ils avaient, ajoutèrent-ils, une grande quantité de chameaux ; mais ce village avait été détruit par les Maures du Tafilet. Il est cependant permis de croire qu'il fut abandonné volontairement par ses habitants, découragés par la grande difficulté qu'ils trouvaient à se procurer du fourrage pour leurs animaux et des grains pour eux-mêmes, et encore par le désagrément de boire de l'eau toujours salée[4]. »

C'est peut-être dans cette même ruine que furent enveloppées les

---

[1] El-Bekri, éd. de Slane, p. 171.
[2] Barth, *Reisen,* t. V, p. 24.
[3] *Remarques et recherches géographiques,* ap. *Journal de Caillié,* III, 249.
[4] Caillié, II, 418.

salines de Taouteck, célèbres dès le xi⁰ siècle. Elles se trouvaient à six journées de marche de Tademekka et alimentaient toute la partie orientale du Sonrhay[1]. Gogo, la capitale, sur le Niger, était le marché principal du commerce[2] ; on comptait neuf journées de Gogo à Tademekka[3]. Il faut ajouter à ces stations salines aujourd'hui oubliées Aoulil, qui était, dès le x⁰ siècle, dans le royaume de Ghanata, le centre d'exploitation le plus important. Au temps d'Ibn-Haukal (x⁰ siècle), le sel d'Aoulil était porté jusqu'à Aoudaghost.

Il est évident que, de nos jours encore, on trouverait dans cette région occidentale du Sahara dont Tegazza fut la métropole industrielle, de riches dépôts et des ressources d'exploitation considérables. Jusqu'à l'Océan, on remarque partout des sebkhas et des dépôts salins superficiels, sans parler des couches profondes de sel gemme. Les dépôts actuellement exploités dans l'Adrar-Témar se rattachent sans doute à l'ensemble de la formation dont Tegazza fut longtemps le point d'affleurement activement exploité.

La sebkha d'Ijil ou Idjil est au Nord-Ouest de cette région de plaines sèches, longue et resserrée entre deux bandes de sable, dirigée du Nord-Est au Sud-Ouest, l'Adrar-Témar, qui s'étend du 20° au 23° lat. Nord, et du 12° au 13° long. Ouest. C'est un immense dépôt de sel gemme aujourd'hui en exploitation.

Cette sebkha, nommée aussi Akaoudja, est un marais desséché de 22 à 30 kilomètres de long sur 10 à 12 de large. Les sauniers forment, sous le nom d'*agzazir*, une corporation puissante. L'extraction annuelle est d'au moins vingt mille charges de chameau. Dans les marchés voisins de la sebkha, on échange un esclave soudanien contre trois plaques de sel de 2 mètres sur 1 mètre ; sur certains marchés du Soudan, au contraire, la plus-value du sel est telle qu'un esclave est acheté pour la partie de plaque de sel que recouvrent ses deux sandales.

Tichit, à 600 kilomètres au Sud-Est de la grande sebkha d'Ighil, est le principal marché de ce commerce. C'est aux habitants de l'oasis

---

[1] Barth. *Reisen*, t. V, p. 24.

[2] « Le commerce de Gogo consiste en sel, et le sel y est une monnaie courante. » El Bekri, éd. de Slane, p. 183.

[3] Barth, *Ibid.*, t. IV, p. 606 (*Chronologische Tabellen über die Geschichte von Sonrhay*).

de Tichit, les marabouts Kountah, qu'appartiennent les salines d'Idjil.
Selon Vincent, on exporterait de Tichit, vingt mille charges de chameau par an, soit environ 4,000 tonnes. On attribue à la ville de
Tichit une population de 6,000 habitants. Les Soudaniens y amènent
des esclaves qu'ils échangent pour trois barres de sel en moyenne
chacun ; et ils transportent ce précieux produit sur les marchés du
Soudan avec un bénéfice considérable. Les principaux objets de
l'échange entretenu par le sel sont la poudre d'or, l'ivoire, les
plumes d'autruche, des vêtements et des objets en cuir. On voit en
grand nombre sur le marché de Tichit des marchands maures du
Bélédougou et du Kaarta, qui y conduisent des captifs, et en rapportent du sel [1].

Le sel gemme en barres de la sebkha d'Idjil vient par l'Adrar et
Tichit dans nos possessions du Soudan français ; dans l'Est, les marchés extrêmes sont Sansannding et le Ségou ; il alimente les États
de Madané, de Samory, le Ouorodougou et le Follona occidental [2].

C'est à cette même région que se rapporte le passage suivant de
René Caillié : « La ville de Oualet [3], dont a parlé Mungo Park, est à
dix jours à l'Ouest-Nord-Ouest d'El Araouan. Quelques Maures que
j'eus l'occasion de voir me dirent que cette ville faisait un grand
commerce de sel avec Sansannding, Yamina et Ségo, qui est à quinze
jours au Sud, suivant leur rapport. Le sel, principal objet de son
commerce, se tire des mines de Ouaden [4], qui sont situées dans le
grand désert, à quinze ou dix-huit jours au Nord de Oualet. Ce sel
est, comme celui de Toudeyni, en planches, à peu près de la même
dimension [5]. »

IV

C'est la région saline de Taoudeni qui a hérité de la réputation et
de la fortune de Tegazza. Cet immense dépôt s'étend dans la partie

---

[1] Binger, I, p. 32.
[2] *Ibid.*, I, 374.
[3] Oualata.
[4] L'ancien Hoden ; aujourd'hui Ouadan.
[5] Caillié, II, 380.

orientale du Djoûf, sur le méridien de Tombouctou. René Caillié en avait déjà déterminé l'emplacement, dès le début de ce siècle, avec assez de précision.

« Toudeyni se trouve, selon les gens de la caravane, à moins d'une demi-journée à l'ouest des puits de Télig. C'est de cette petite ville que l'on tire tous les sels qui s'importent de Tombouctou à Jenné, et de cette ville dans tout le Soudan. Les mines de sel, m'a-t-on dit, sont à trois pieds et demi ou quatre pieds de profondeur au-dessous du sol, et par couches très épaisses. On le tire par blocs, puis on le scie en planches, dans les dimensions que j'ai fait connaître plus haut (2 pieds 1/2 de long, 1 pied de large et 2 pouces d'épaisseur[1]. »
— « Ces mines font la richesse du pays ; elles sont exploitées par des esclaves nègres surveillés par des Maures, et qui n'ont, pour se nourrir, que du riz et du mil apportés de Tombouctou[2], cuit avec de la viande de chameau séchée au soleil. L'eau qu'ils boivent filtre au-dessous des mines de sel ; elle est extrêmement saumâtre ; pour la rendre potable, ils y mettent du dokhnou avec du miel : ils corrigent aussi cette détestable boisson en y mêlant une espèce de fromage réduit en poudre, et qui n'est autre chose que du lait caillé séché aussi au soleil[3]. »

On remarque dans cette formation cinq couches superposées d'inégale valeur, ayant chacune leur nom. La première s'appelle *el-Ouara* ; la seconde *el-Benti* ; la troisième *el-Hammamié* ; la quatrième *el-Kahela*, c'est-à-dire la noire ; enfin, la cinquième, la plus profonde, est dans l'eau et porte le nom *el-Kamera*, ou *el-Bedha*[4]. Les trois couches supérieures ont, selon toute apparence, peu de valeur ; la plus estimée est la quatrième, *el-Kahela*, la noire. En réalité, elle n'est pas noire ; elle offre à l'œil un mélange de blanc et de noir, une sorte de pointillé qui donne l'aspect d'un marbre gris.

Le capitaine Binger, qui a exploré une partie de la région soudanienne trente-cinq ans environ après Barth, émet l'avis que la quatrième couche, *el-Kahela* (la noire), est aujourd'hui épuisée.

---

[1] Caillié, II, 111.

[2] « Les habitants de Toudeyni n'étant approvisionnés que par les grains que les marchands de Tombouctou reçoivent de Jenné, se trouveraient réduits à la famine si le commerce entre ces deux dernières villes était intercepté. » (Caillié, II, 316.)

[3] Caillié, II, 404.

[4] Voir pour tout ceci : Barth, *Reisen*, t. V, pp. 24 et suiv.

« Tout le sel, dit-il, qui est consommé dans cette région (la boucle du Niger) jusqu'à Kong, et au delà, vient, d'après les Haoussa et les gens de Djenné que j'ai interrogés, des mines de sel gemme de Taodeni par Tombouctou à Djenné. Ce qui m'a frappé, c'est qu'il est absolument blanc, d'un grain très fin et, qu'écrasé, il ressemble à notre sel fin de table. C'est une contradiction formelle avec ce que dit Barth. « Celle qui est la plus recherchée des cinq couches de sel des mines de Taoudeni s'appelle *el-Kahela* (la noire) ; sa couleur, en réalité, n'est pas noire, mais consiste en un beau mélange de noir et de blanc qui ressemble beaucoup au marbre. »

« Il est impossible, ajoute M. Binger, que Barth, qui est resté si longtemps à Tombouctou, fasse erreur ; je crois plutôt que cette quatrième couche a été épuisée quelques années après le passage de ce voyageur, et qu'actuellement ce sel blanc provient, ou bien des trois premières couches, ou bien de la cinquième [1]. »

Le sol qui recouvre les salines est divisé en lots par le caïd qui réside à Taoudeni : chaque lot est livré à un groupe de marchands pour les fouilles. Le caïd prélève sur chaque fouille le cinquième appelé *Chomouss* ; tout le reste de l'exploitation est abandonné aux marchands.

Les plus gros blocs de sel extraits à Taoudeni mesurent 3 pieds 5 pouces de long, 13 pouces de haut et 2 pouces 1/2 d'épaisseur. Leur poids varie de 50 à 65 livres ; chacun de ces blocs est partagé en deux pour être emporté. Le prix varie suivant les époques ; mais Barth déclare que ce prix, autant qu'il a pu s'en rendre compte, n'atteint pas les chiffres inouïs donnés par certains écrivains, tels que Léon l'Africain, Jackson et le général Daumas. Le plus bas prix d'un bloc de sel de moyenne grosseur est de 3,000 cauris ; ce qui fait un douro d'Espagne. Pendant le séjour de Barth à Tombouctou, le prix le plus élevé de chacun de ces blocs atteignit 6,000 cauris.

Taoudeni est peuplée par des Arabes de la tribu des Oulâd Dhrââ. « Chaque année, des milliers de chameaux chargés chacun de quatre plaques de sel, longues d'un mètre, partent d'ici pour Tombouctou. Tandis que la hauteur moyenne du plateau du Sahara avait varié jusque-là de 250 à 300 mètres de hauteur, ici le terrain s'abaisse et

----

[1] Binger, *Du Niger au golfe de Guinée*, I, 374.

j'observai la cote de 148 mètres. Quant à une dépression plus basse que le niveau de la mer, il n'en existe pas dans cette partie du Sahara. Autour de Taoudeni, le sol se relève ; et comme aspect, c'est tantôt une hammada, tantôt une plaine de sables [1]. »

Le Dr Lenz a vu près de Taoudeni les ruines d'une ville antique, dont les murs sont construits en terre et en sel ; on reconnaît aussi dans les murs quelques restes de charpente. On y découvre, de temps à autre, des ornements et des objets destinés à l'industrie ; ces divers bibelots sont transportés à Tombouctou ; Lenz put y en acquérir un certain nombre.

Les mines de Taoudeni sont exploitées depuis l'année 1596 ; elles s'ouvrirent l'année même qui vit fermer celles de Tegazza. Après une exploitation continue de trois siècles, elles fournissent encore au Soudan une masse énorme de sel. La position relative de Taoudeni et de Tombouctou a fait de cette dernière ville le marché le plus important pour ce produit saharien.

Léon l'Africain parle déjà de l'importance du marché de sel de Tombouctou, à l'époque où Tegazza était encore en pleine prospérité [2]. Après la décadence des mines de Tegazza, le marché de Tombouctou s'approvisionna à Taoudeni

« Tombouctou peut être considéré comme le principal entrepôt de cette partie de l'Afrique. On y dépose tout le sel provenant des mines de Toudeyni. Ce sel est apporté par des caravanes à dos de chameaux.

« Les planches de sel sont liées ensemble avec de mauvaises cordes faites d'une herbe qui croît dans les environs de Tandaye ; cette herbe est déjà sèche quand on la cueille ; pour l'employer on la mouille, puis on l'enterre pour la défendre du soleil et du vent d'Est qui la sécheraient trop promptement ; quant elle est imprégnée d'humidité, on la retire et l'on tresse les cordes à la main... Souvent les chameaux jettent leur charge à terre ; et quand les planches de sel arrivent à la ville, elles sont en partie cassées, ce qui nuirait à la

---

[1] O. Lenz, *Voyage du Maroc au Sénégal*, ap. *Bulletin de la Société de Géographie de Paris*. — 1881, I, 211.

[2] « Huc enim a Tegasa, quod oppidum in quingentesimo abest milliario, adferri solet. Ego quum Tombuti essem, vidi salis sarcinam unam quantum camelus ferre potuit, octoginta emi aureis. »
Joannis Leonis africani de totius Africæ descriptione lib. — 1559, p. 431.

vente, si les marchands ne prenaient la précaution de les faire réparer par leurs esclaves ; ceux-ci rajustent les morceaux, et les emballent de nouveau avec des cordages plus solides faits en cuir de bœuf ; ils tracent sur ces planches des dessins en noir, soit des rayures, soit des losanges. Les esclaves aiment beaucoup à faire cet ouvrage, parce qu'il les met à même de ramasser une petite provision de sel pour leur consommation [1]. »

« Tombouctou, quoique l'une des plus grandes villes que j'aie vues en Afrique, n'a d'autres ressources que son commerce de sel, son sol n'étant aucunement propre à la culture [2]... »

« Les marchands ont à leur porte des briques de sel [3] en évidence ; ils ne les étalent pas au marché [4]... »

Dans un certain rayon autour de Tombouctou, on trouve quelques localités qui vivent aussi de ce trafic ; par exemple, à deux journées de marche au Nord-Est de Tombouctou, la ville de Bousbéhey, bâtie en briques de sable argileux. « Les habitants de Bousbéhey font le commerce du sel, qu'ils vont chercher à la petite ville de Toudeyni [5]. »

Les arrivages ne se font pas avec une régularité invariable ; ils dépendent de l'état plus ou moins troublé du pays. Souvent de longues luttes entre différentes tribus rendent les communications périlleuses et ferment, pendant une longue période, les voies commerciales. Au printemps, la région voisine de Tombouctou et les bords du Niger sont infestés par l'invasion des mouches sanguinaires, fléau des caravanes, qui impose un arrêt à la circulation des convois. Le prix du sel subit alors sur le marché de Tombouctou des variations considérables. On peut dire que l'oscillation des prix a pour limite d'amplitude les chiffres de 2,000 et de 6,000 cauris. Le prix d'un bloc de 60 livres est de 5,000 cauris [6].

Le sel n'est pas toujours payé en monnaie ; c'est même le mode de trafic le moins usité. Le plus souvent, il y a un simple échange de

---

[1] Caillié, II, 310.

[2] *Ibid.*, II, 313.

[3] La *brique de sel* a 10 pouces de long sur 3 de large et 2 ou 2 1/2 d'épaisseur. Il y a des briques plus ou moins grosses. (Caillié, I, 466.

[4] *Ibid.*, II, 304.

[5] *Ibid.*, II, 315.

[6] Barth, *Reisen*, t. V, p. 139.

marchandises, et ce sont surtout les *turkedi*, c'est-à-dire les étoffes de coton fabriquées à Kano pour les vêtements de femmes, qui sont la matière de cet échange. Il en est le plus souvent ainsi à Tombouctou. Sur le marché d'Araouân, où se rendent les marchands de Ghadamès, six *turkedi* s'échangent contre neuf blocs de sel, à la condition que le sel soit livré sur le marché même ; la proportion est, au contraire, de six *turkedi* contre douze blocs de sel, si les marchands de Ghadamès doivent payer le prix de transport de Taoudeni à Araouân.

La ville d'Araouân, écrivait Caillié, « est le point d'arrivée des caravanes qui viennent de Tafilet, du cap Mogador, du Drah, de Taouàt, des villes d'Aghdâmas et de Tripoli[1]... Elle n'a aucune ressource par elle-même ; elle est l'entrepôt des sels de Toudeyni, qui s'exportent jusqu'à Sansannding et Yamina... Elle est située dans un bas-fonds, entourée de hautes dunes de sable qui se prolongent à l'Ouest ; les rues en sont plus larges que celles de Tombouctou et aussi propres ; les maisons construites dans le même genre sont beaucoup plus basses et moins solides, car le sable n'y est pas aussi argileux ; les toits sont en terrasse. Les magasins sont très étroits ; il peut y avoir cinq cents maisons, toutes peu solides ; elles peuvent contenir chacune six habitants, en y comprenant les esclaves. Les devants des portes sont crépis avec du sable jaune qu'on trouve en creusant à une certaine profondeur[2]. »

Araouân est tributaire de Tombouctou, dont elle reçoit toutes ses provisions alimentaires. Les marchands maures du Tafilet et du Touât y apportent du tabac qu'ils échangent contre du sel[3].

« Dans la saison des pluies, les habitants d'El-Araouân reçoivent la visite des Touariks, qui viennent dresser leurs tentes aux environs de la ville et percevoir les droits qu'ils imposent au commerce. Ces droits ne sont pas aussi considérables que ceux qu'on leur paie à Tombouctou, et sont exigés avec plus de ménagements, à cause de l'éloignement de leur pays[4]. »

---

[1] Caillié, II, 377.
[2] *Ibid.*, II, 372.
[3] *Ibid.*, II, 376.
[4] *Ibid.*, II, 378.

V

D'après les renseignements recueillis récemment (1887–89) par le capitaine Binger, le sel de Taoudeni, venu par Tombouctou, ne dépasse pas, à l'Ouest, Sàro (entre la rive droite du Niger et la rive gauche du Mahel-Balével) et San (7°,15 long. O., 13°,20 lat. N.). La route qu'il suit est jalonnée par les points suivants : Taoudeni, El-Araouân, Tombouctou, Kabara, Sofouroula, Hamdallahi, Bandiagara ; ou bien encore, Mopti, Niala, Djenné, Sàro, Bla. Ces marchés alimentent le Libtako, le Djilgodi, le Mossi, le Kipirsi, le Mianka, Bobo–Dioulasou et les États de Kong, une partie du Gourounsi, Oua et Bouna[1]. L'entrepôt le plus considérable de sel de Taoudeni, pour la région centrale de la boucle du Niger (Yatenga, Dafina, Kipirsi, Mossi), est Sofouroula, dans le Macina, à deux jours de marche de Mopti[2].

Avant que les Toucouleurs n'eussent conquis le Ségou et le Macina, Sansannding était un entrepôt de sel. C'est là que les Maures entassaient les barres de sel qu'apportaient les pirogues, de Koriumé à Sansannding, par le Niger. Il n'était pas rare d'y voir des approvisionnements de 1,600 à 2,000 barres[3].

Djenné est resté un marché de sel important ; René Caillié l'avait déjà signalé : « Il y a dans ce marché beaucoup de poisson frais et sec, des pots en terre, des calebasses, des nattes, et le sel que l'on vend au détail, car celui que l'on vend en gros reste dans les magasins[4]. »

« Les Maures établis à Jenné n'étalent jamais en boutique ; ce sont des négociants qui ont des personnes affidées ou des esclaves qui vendent pour leur compte.... Ils mettent en évidence, devant leur porte, plusieurs planches de sel....[5]. »

L'explorateur Binger a retrouvé à Djenné cette activité commer-

---

[1] Binger, I, 374.
[2] Ibid., I, 480.
[3] Jaime, De Koulikoro à Tombouctou, p. 218.
[4] Caillié, II, p. 201.
[5] Ibidem, II, 202.

ciale dont le sel est l'élément principal. Pour l'acquisition de ce précieux produit, les gens de Kong apportent à Djenné cinq articles différents :

1° Des kolas ;

2° Le tissu rouge et blanc fabriqué en bandes à Kong et cousu par les femmes en pagnes de 12, 13, 14 et 15 bandes.

Ce pagne, qui est un vêtement de luxe pour les femmes de Kong. l'est aussi à Djenné et surtout à Tombouctou, où on le nomme *el-harottaf.* Ces pagnes valent, à Kong, suivant le dessin et surtout la grandeur, de 8,000 à 15,000 cauris ; à Djenné, un pagne de 10,000 cauris vaut une barre de sel ;

3° Le piment rouge ;

4° Une espèce de poivre appelé le *niamakou ;*

5° L'or (il n'en est porté que fort peu à Djenné) [1].

Les explorations des vingt dernières années, en faisant la lumière sur des régions fermées à toutes recherches jusqu'à nos jours, permettent de suivre, dans les pays situés au Sud du Niger, le mouvement commercial dont le sel est le premier élément.

A travers les États de Samory, il y a une grande voie commerciale, du N. au S., entre le Sahara et cette partie du Soudan, qui, en ces derniers temps, a produit surtout des esclaves.

« Les marchandises venant du Nord sont des chevaux et du sel ; celles qui viennent du Sud sont le kola et les esclaves [2]. »

On peut citer parmi les centres les plus importants San et Bla, (dans le Bendougou, près de la rive droite du Mahel-Balével), Ouolosébougou (dans le Djitoumo, à 80 kilomètres environ au Sud de Bammako), Dori (dans le Liptako).

San n'est qu'un marché ; c'est une sorte de ville libre où convergent les caravanes qui, du Sud et de l'Est, apportent du Ouorodougou et du Gondia l'or et la noix de kola qu'elles vont vendre plus loin dans le Macina, à Djenné, Bandiagara et même Tombouctou... Du Nord viennent aussi d'autres caravanes qui apportent à San le sel en barres, produit base de toutes les transactions entre le Niger et la côte de Guinée...

---

[1] Binger, I, 316.

[2] *Ibid.,* I, 130.

C'est ainsi qu'à San se coudoient tous les jours au marché les Armat (population noire) de Tombouctou, vendant leur sel, les Dioulas (marchands) du Macina, et des Haoussa, offrant leurs étoffes et vêtements brodés, les gens de Kong, les Bobos qui travaillent très ingénieusement le cuir et le fer, les Peuls enfin avec les produits de leurs troupeaux [1].

Bla se distingue par un mouvement commercial important ; on y fait surtout un trafic considérable de sel. Par sa position, cette ville peut recevoir le sel de Tichit, vià Segou, et celui de Taoudeni, vià Mopti et Djenné [2].

Ouolosébougou se compose de trois villages : Ouolosébougou, Ténetouboungoula, Dabibougou. Dans le premier, Binger a vu sur le marché 2 à 3oo kilogrammes de sel [3] ; à Ténetouboungoula, le marché journalier est approvisionné de sel, disposé et mis en vente par petits tas. Mais le grand commerce du sel, comme celui des captifs et des kolas, se fait dans les cases. Les marchands de sel vont dans les cases s'entendre avec les marchands de kolas, et au bout de plusieurs visites, le marché se conclut [4].

A Dori, les caravanes maures parties de Tombouctou apportent le sel en barre de Taoudéni ; elles l'échangent contre les tissus du Mossi, le mil, l'or et les cauris importés du Mossi, qui viennent de l'Inde par la côte du Bénin, et les noix de kola du Gondia. Les cotonnades du Mossi, sous forme de bandes de 0m1o de largeur, sont particulièrement estimées [5].

On trouve également à Dori le sel apporté de la vallée de Fogha et le natron cristallisé du Dalhol [6].

VI

Il est intéressant de rechercher dans quelles limites s'établit la concurrence du sel saharien et du sel marin. Dans la partie de la boucle

---

[1] Monteil, *De Saint-Louis à Tripoli, par le lac Tchad*, p. 36.
[2] Binger, I, 233.
[3] *Ibid.*, I, 27.
[4] *Ibid.*, I, 27.
[5] Monteil, pp. 124, 152, 175.
[6] *Ibid.*, pp. 198 et 202.

du Niger qui comprend les États de Samory, la région de Kong, le bassin de la Volta et les pays à kola, on peut, d'après les données fournies par Binger [1], dresser de la façon suivante le tableau de la répartition des cinq variétés de sel de provenance diverse.

TABLEAU DE RÉPARTITION
Des cinq variétés de sel de provenance diverse.

ORIGINE.	VOIE DE PÉNÉTRATION.	RÉGIONS DE CONSOMMATION.
1. Sel de Taoudeni.	Par Tombouctou, — Djenné, — Sansannding.	Libtako Djilgodi. Mossi. Kipirsi. Mianka Bobo-Dioulasou. Etats de Kong, Gourounsi, Oua, Bouna. } en partie en concurrence avec le sel de Daboya.
2. Sel d'Idjil.	Par l'Adrar, — Tichit.	Etats de Madané. Etats de Samory. Ouorodougou. Follona occidental.
3. Sel en poudre de Daboya [2] (ou de Gondja), transporté en calebasses ou en paniers.	Gondja.	Dagomba. Mampoursi. Lobi. Gourounsi, Oua, Bouna, Etats de Kong (partie Est), } en concurrence avec le sel de Taoudeni.
4. Sel marin de la côte anglaise.	D'Accra, remonte la Volta. — Point de distribution : Salaga.	Mêmes régions que le sel de Daboya; En outre { Bondoukou, Anno.

Binger, I, 373, 375.

[2] Le sel de Daboya est extrait par les indigènes des eaux d'une mare ou plutôt d'un lit secondaire de la Volta Blanche, en communication en hivernage avec Daboya. Ce sel ressemble à notre sel gris qu'employent les tanneurs, mais il est un peu plus menu. (Binger, II, 51.)

ORIGINE.	VOIE DE PÉNÉTRATION.	RÉGIONS DE CONSOMMATION.
5. Sel marin fabriqué par les peuples de race Agni, entre les lagunes et la mer (environs de Grand-Bassam [1] et d'Assinie), transporté en paniers coniques.		Sanwi. Bettié. Indénié. Anno. Baoulé. Morénou. Attié. Ebrié. Bassin de la rivière Lahou.

Il y a donc, dans cette partie du Soudan, une zone privilégiée dans laquelle on peut se procurer les cinq variétés de sel décrites ci-dessus ; elle est comprise entre le 8° et le 10°,3o′ de latitude.

Les autres régions sont moins favorisées sous ce rapport, puisqu'elles ne sont alimentées que par une seule variété.

On constate également que les sels de provenance européenne ne sont transportés qu'à 5oo kilomètres environ de la côte ; que celui fabriqué par les indigènes ne supporte qu'un transport de 3oo kilomètres, tandis que les sels gemmes du Sahara, par leur extrême bon marché, peuvent encore lutter avec tous les autres sels à Kong, c'est-à-dire à près de 1,3oo kilomètres des mines de Taoudeni [2].

Kong est sur la limite des deux variétés principales : le sel saharien et le sel marin. Le sel saharien qui s'y vend est plus fin et plus blanc que celui qui passe en transit à Bammako, venant de Tichit, de la sebkha d'Idjil et d'autres mines de sel gemme du Nord du Bakhounou ; la barre de sel est aussi plus grande. Il vient des mines de Taoudeni par El-Arouàn et Tombouctou.

« On vend aussi ici du sel marin de Grand-Bassam, de la Côte d'or anglaise et du sel de Daboya (Gondja) [3].

---

[1] Le sel de Grand-Bassam qui est porté par pirogues jusqu'à Attacrou, est peu prisé par les indigènes, qui trouvent ses cristaux trop menus. (Binger, II, 1o1.) — « Les indigènes du village d'Attacrou vont en pirogues chercher le sel à Grand-Bassam. » (Binger, II, 1o8.)

[2] Binger, I, 375.

[3] Ibid., I, 315.

Dans la région à kolas[1], on consomme encore le sel saharien, puisque le sel est le paiement usité dans ces échanges, et cette région n'est pas à plus de 200 kilomètres de la côte du golfe de Guinée.

Sakhala, un des marchés classés par Binger dans la deuxième zone des marchés à kolas[2], n'est pas à plus de 250 kilomètres de la mer.

A Salaga[3], le sel gemme en barre revient plus cher que le sel marin. Aussi les Mossi n'y apportent-ils comme éléments d'échange que des captifs et des ânes[4]. Le sel qui alimente le marché de Salaga est acheté, soit à Akkara (Accra), soit dans les divers gros villages échelonnés sur la rive gauche du fleuve, sur la route qui met Salaga en communication avec la côte.

Le prix d'une charge de 20 à 25 kilogrammes est d'environ 3,000 cauris à la mer.

Rendue à Salaga, la même charge se vend de 12 à 15,000 cauris.

Bénéfice : 10 à 12,000 cauris pour un trajet d'une quarantaine de jours, aller et retour.

Le sel marin est beaucoup vendu dans la partie Est du Dagomba, et n'entre en concurrence avec le sel en barres de Taoudeni, venu par le Mossi, qu'au Nord du Gambakha et du Gourounsi.

Il est vendu en échange dans la partie Nord de ces pays, contre le beurre de cé et les esclaves ; dans la partie Sud, contre les animaux de boucherie.

Dans le Dagomba Ouest, le sel marin se trouve en concurrence avec Daboya, qui arrive à vendre son sel au même prix à Oual-Oualé et dans le Gourounsi Sud.

Daboya ne pouvant fournir le sel en assez grande quantité, Salaga arrive à en placer avantageusement à Boualé, et surtout à Oua.

Une partie du sel de Salaga va aussi sur Kintampo ; car ce marché est

---

[1] Les pays à kolas sont au Sud du Ouorodougou et du Ouorocoro. Bien que *Ouorodougou* signifie *pays des kolas*, et *Ouorocoro, pays à côté des kolas*, ni l'un ni l'autre ne sont des pays de production. Ces pays sont seulement sur les confins des pays à kolas.

[2] Binger, I, 191.

[3] Salaga, ville de la Haute-Guinée, dans le Gondja, à 35 kilomètres de la rive gauche du Volta, à 335 kilomètres de la côte. (8°,32 lat. N., 3° long. O.)

[4] Binger, I, 499.

très souvent coupé de ces communications directes avec la mer, à cause
des guerres continuelles que se livrent entre elles les tribus
Achanti.

Le sel de Salaga est porté aussi sur le marché de Bitougou (Bondoukou).

Rendu à Bitougou, le sel de Salaga ne se vend que 24,000 cauris, à cause de la concurrence du sel de Grand-Bassam, que les habitants de l'Anno y apportent en petite quantité[1].

A Oual-Oualé. dans le Mampoursi, le sel est un des principaux
articles d'échange. Il y vient de Salaga ou de Daboya. Le sel de Salaga est le sel marin de la côte. Celui de Daboya est extrait des vases
d'une mare, près de la Volta Blanche.

Le kilo vaut environ 1,300 cauris, au détail ; meilleur marché, quand
on en achète une ou deux charges. Le sel marin n'est guère plus cher
à Oual-Oualé que le sel en barres à Waghadougou. Celui de Salaga
est porté dans des sacs de fabrication européenne. Celui de Daboya,
dans des peaux de bouc, ou encore dans des sacs tressés en feuilles
de ronier[2].

A Bettié, il se fait un grand commerce de sel ; mais il vient exclusivement des villages Agni, du littoral entre Grand-Bassam et
Assinie[3].

Du côté de l'Est, vers le Niger, le sel de Fogha remonte jusqu'à
Say. On trouve aussi dans cette ville le natron cristallisé retiré du
Dalhol[4].

Vers l'Ouest, dans le Bouré, c'est le sel du Sahara qui alimente le
marché. On l'y porte de Sansannding et d'Yamina. Ce sont les Mandingues qui se livrent à ce trafic[5].

Dans la région du Fouta-Djalon, l'échange se fait sur certains
points entre les produits soudaniens et le sel marin, qui vient de Ka-

---

[1] Binger, II, 100, 102. — « Dès la sortie de Salaga, par tous les sentiers débou-
chant sur le chemin principal, il y a des groupes de porteurs. J'ai compté 102 porteurs, hommes et femmes, chargés d'environ 2,000 kilogrammes de sel, et se
rendant tous à Kintampo pour y prendre des kolas. » Binger, II, 117.

[2] *Ibid.*, II, 51, 52.

[3] *Ibid.*, II, 286.

[4] Monteil, *De Saint-Louis...* pp. 198, 202.

[5] Caillié, I, 419.

kondy. « Les Foulahs du Fouta-Djalon, dit Caillié, vont vendre à Kakondy du cuir, du riz, de la cire et du mil, qu'ils échangent contre du sel qu'ils portent ensuite à Kankan et à Sambatikila pour avoir des étoffes. Ils mettent leur sel dans des feuilles d'arbre artistement arrangées [1]. »

« Nous vîmes passer beaucoup de voyageurs venant de Baleya (de l'autre côté des monts du Fouta-Djalon à l'Est) ; ils étaient chargés de toile blanche fabriquée dans le pays et allaient dans le Fouta-Djalon les échanger pour du sel [2]. »

« Nous rencontrâmes des Foulahs portant des cuirs, de la cire et du riz ; ils allaient à Kakondy pour y acheter du sel... Ils vont jusque dans le Kankan vendre leur sel [3]. »

« Un Foulah qui avait voyagé avec nous et venait à Kankan échanger du sel contre des étoffes du pays [4]... »

Frappé de l'importance de ce mouvement d'échange, René Caillié se demandait s'il ne serait pas possible d'assurer à la France le monopole du ravitaillement en sel du Soudan (tout au moins du Soudan occidental). Il pensait qu'il ne serait pas impossible d'alimenter le marché de Bammako par des caravanes qui l'auraient approvisionné de sel marin et de marchandises européennes.

« Il faudrait d'abord faire reconnaître la distance qu'il peut y avoir entre Bammako et l'endroit du Sénégal où les embarcations peuvent remonter, j'entends au-dessus du rocher de Félou. Après avoir établi un comptoir auprès de cette cataracte, on en formerait un second à l'endroit où le fleuve cesse d'être navigable. Il est à présumer que, de ce second comptoir à Bammako, il n'y aurait pas plus de huit à dix jours de marche ; et c'est de ce point important que des caravanes de sel et de marchandises d'Europe se rendraient à Bammako [5]. »

Il y avait là tout un plan de colonisation hardie et efficace, que la fin de ce siècle n'a vu encore qu'incomplètement réalisé.

On peut citer enfin comme un des points limites du trafic des

---

[1] Caillié, I, 329, 330.

[2] *Ibid.*, I, 346.

[3] *Ibid.*, I, 255.

[4] *Ibid.*, I, 376.

[5] *Ibid.*, I, 421.

deux variétés de sel, le sel marin et le sel saharien, le grand village Katimbo. Les Limbahs y apportent le sel de la côte ; il y a là un centre de trafic important et le sel est le principal objet d'échange [1].

VII

Par qui est fait ce commerce du sel dans la boucle du Niger ?

Binger distingue trois catégories de trafiquants :

« 1° Le marchand momentané, nègre de n'importe quelle race, qui borne son commerce de sel, de la guinée ou du kola, à deux ou trois voyages, juste le temps nécessaire pour se procurer une épouse ou un personnel suffisant pour l'exploitation de ses terres et lui permettre de vivre tranquillement dans son village sans rien faire ;

« 2° Les *Kokoroko* : ce sont généralement des *noumou* (forgerons) du Ouassoulou ou du Ouorocoro. Ils commencent par fabriquer de la poterie, des objets en bois ou en fer, de la vannerie qu'ils vendent contre des cauris. Lorsqu'ils ont un lot de quelques milliers de cauris, ils s'en vont sur les marchés à kolas, achètent une petite charge de ce fruit, et vont à 300 ou 400 kilomètres plus au Nord, généralement à Ouolosébougou, Ténetou, Kangaré ou Kona, l'échanger, avec un modeste bénéfice, contre du sel.

« Le sel à son tour est porté sur la tête jusqu'aux marchés à kola les plus éloignés, tels que Sakhala, Kani ou Touté ; là, ils ont le kola à un peu meilleur marché, puis ils reviennent et font ce métier d'échange du sel et du kola, jusqu'à ce qu'ils aient gagné un certain nombre de captifs ;

« 3° Vient ensuite le marchand, dans toute l'acception du mot, celui qui ne fait que voyager et ne craint pas d'être absent des sept ou huit mois de l'année. Il est ou *dioula*, quand il est Mandé, ou *marraba*, quand il est Haoussa ou Dagomba.

« Il fait le commerce du sel et du kola, mais ne s'y spécialise pas, comme le Kokoroko [2]. »

---

[1] Zweifel et Moustier, *Voyage aux Sources du Niger.* (*Bulletin de la Société de Géographie*, 1881, I, p. 115.)

[2] Binger, I, p. 30 à 32.

Dans le pays de Kong, les Dioula se livrent au trafic en qualité de *lamokho* (marchand, voyageur). La femme du lamokho porte sur sa tête tout son ménage ; beaucoup de lamokho n'ont pas de village à eux ; pendant toute l'année, ils vont du Gottogo à Dioulasou ou ailleurs. Dès que les enfants peuvent trottiner, ils portent de menus objets...; à 7 ou 8 ans, il leur échoit déjà une charge de 8 à 10 kilos de sel [1].

Il reste enfin à évaluer les bénéfices que peut réaliser un couple, homme et femme, se livrant à ce commerce (kola et sel).

Le ménage quittant Kong avec une pacotille, ferronnerie ou étoffe, d'une valeur locale de 20 francs, se procurera, à Kintampo ou Bondoukou, environ 5,000 kolas, qu'il revendra à Bobo-Dioulasou. Avec le produit de la vente de ses kolas, il achètera deux barres de sel. Il emportera une barre et demie à Kong, l'autre demi-barre servant à acheter quelques cadeaux à rapporter du pays et à subvenir à ses besoins en vivres pendant sa route.

Le trajet de Kong à Kintampo, et de Kintampo à Bobo-Dioulasou, et retour à Kong, aura duré cent jours environ. La barre et demie de sel rendue à Kong représentant une valeur de 240 francs, le couple aura gagné 220 francs, c'est-à-dire 2 fr. 20 par jour, ou 1 fr. 10 par jour et par personne, tous frais payés.

Ces gens-là marchent chargés chacun avec 30 ou 40 kilogrammes, et cela pendant la plus grande partie de la journée [2].

Quant aux Haoussa qui font le commerce du sel et du kola entre Salaga et Kintampo, voici de quelle façon Binger évalue leurs bénéfices. Un porteur d'une charge de sel, achetée à Salaga 8,000 cauris, la vend à Kintampo environ 16,000. Les kolas qu'il rapporte à Salaga mettent son capital à environ 30,000 cauris, lorsqu'il a eu soin d'emporter les cauris nécessaires aux frais de route et qu'il a introduit sa charge de sel intacte à Kintampo.

Il a dépensé en route :

Frais d'aller....................	3.000 cauris.
Dépenses, nourriture pendant le séjour à Kintampo....................	1.000 —
Frais de retour	3.000 —
	7.000 cauris.

[1] Binger, I, 357.
[2] *Ibid.*, I, 313.

« Ce qui réduit son capital à 23,000 cauris, et porte les bénéfices réalisés pour 25 jours d'absence, de privations, et 18 rudes journées de porteur, à 15,000 cauris, soit 600 cauris par jour, soit 0,90 centimes par jour environ[1]. »

Sous quelle forme le sel est-il mis en circulation?

Le plus souvent sous forme de briques ou de barres solides.

« Dans le Ouassouiou, dit René Caillié, nous rencontrâmes une caravane de marchands Mandingues venant de Kayaye acheter du sel. Le sel me parut un peu noir et d'un grain très gros. Il était en planches de 2 pieds 1/2 de long, 1 pied de large et 2 pouces d'épaisseur. Un âne porte ordinairement quatre de ces planches, et un nègre deux et demie[2]. »

Dans la région de Ségou, la brique de sel a de 0,30 à 0,35 de largeur, de 0,90 à 0,95 de longueur, et de 0,03 à 0,04 d'épaisseur. Son poids est de 12 à 13 kilogrammes, et six font la charge d'un âne[3].

L'unité de mesure est la barre de sel ou *bafal* ; mais, suivant les régions, le poids du bafal varie. Il ne vaut, comme unité de mesure, que dans une zone déterminée. Ainsi, suivant Gallieni, qui parle de la région entre le haut Sénégal et le Macina, le bafal pèse environ 15 kilogrammes[4].

Dans la boucle du Niger, dans toute la zone qui précède et commande les pays à kolas, la barre de sel est plus lourde.

« Les barres de sel les plus légères pèsent au moins 32 kilogrammes. Elles sont marquées à l'encre de diverses façons. Quelquefois ces marques sont accompagnées de noms propres ; j'y ai relevé ceux d'Omar, d'Othman, de Moussa. Ce sont probablement les noms des premiers acheteurs ou du producteur[5]. »

C'est à peu près le poids constaté au point d'origine du trafic, à Tombouctou, par M. Jaime. « La barre de sel, longue de 80 centi-

---

[1] Binger, II, 143.
[2] Caillié, II, 111.
[3] Soleillet, *Voyage au Ségou*, p. 222.
[4] *Voyage au Soudan français*, p. 121. — *Note.* — Dans un autre passage, se rapportant à des localités différentes, le même auteur n'attribue au bafal qu'un poids de 5 kilos. (*Ibid.*, p. 451.)
[5] Binger, I, 374.

mètres, large de 25, pèse, en général, 25 à 30 kilogrammes ; elle vient à Tombouctou par les caravanes de Taodenni[1]. »

Une fois introduite dans les régions de la boucle du Niger, la barre reste l'unité de mesure jusqu'au moment où les marchands arrivent aux marchés de kolas.

Binger distingue deux zones de marchés de kolas :

La première : Tiong-i, Tengréla, Maninian, Sambatiguila ;

La seconde, plus rapprochée du pays de production, à 100 ou 200 kilomètres plus vers le Sud, comprend : Odjenné, Touté, Kani, Siana (ou Sakhala).

« Arrivés aux villes de la première zone, les marchands font scier leur barre de sel en douze morceaux de *trois doigts* de largeur, que l'on nomme *kokotla* (de *koko,* sel en mandé, et *tla,* qui est le nombre trois).

« Cette opération terminée, on achète les paniers et les nattes à l'aide desquels on doit emballer les kolas ; tout ceci est payé en sel.

« Arrivés sur les marchés de la deuxième zone, les marchands du Nord s'adressent aux indigènes qui font le métier de courtiers... Ces courtiers conviennent avec les marchands du prix du sel et fixent la quantité de kolas qu'ils recevront en échange d'un kokotla (cette fraction de barre de sel étant devenue depuis Tengréla l'unité d'échange). Le prix du kola sur les marchés varie entre 200 et 600 fruits pour un kokotla[2]. »

Quant à la valeur d'échange du sel, voici un certain nombre de documents qui nous permettront de l'apprécier suivant les régions.

Il y a soixante-dix ans, chez les Bambaras de la région de Timé, le prix courant d'un esclave est de 30 *briques* de sel ; ou bien, un baril de poudre et huit masses de verroterie couleur marron-clair ; ou bien, un fusil et deux brasses de taffetas rose[3].

A la même époque, à Djenné, une planche de sel coûtait de 10 à 15,000 cauris ; « elle va même jusqu'à 20, suivant la quantité qui s'en trouve dans la ville... Il y en a aussi de plus petites qui coûtent de 7 à 8,000 cauris[4]. »

---

[1] *De Koulikoro à Tombouctou,* p. 219.

[2] Binger, I, 141, 142.

[3] Caillié, I, 466.

[4] Caillié, II, 213. — « Dix cauris, dit Caillié, ont la valeur d'un sou. » — « Les cauris difficiles à transporter (50,000, soit 50 francs, forment la charge d'un bour-

A Djenné, en 1855, du temps de Barth, le sel de Taoudeni, envoyé de Djenné à Sansannding, était payé dans cette dernière ville 2 mitkhal d'or la barre.

Actuellement, dit Binger, la barre vaut à Djenné de 20 à 25 ba de cauris, soit 3 mitkhal d'or. Rendue à Sansannding, la barre vaut 40,000 cauris, chiffre trop élevé pour pouvoir lutter contre les sels de Tichit venant par Ségou [1].

Les événements politiques ont naturellement un contre-coup immédiat sur la valeur commerciale du sel : il se produit parfois un arrêt subit du trafic, ou bien les arrivages sont réduits dans une notable proportion. Ainsi à Sansannding, le prix de la barre était, il y a vingt-cinq ans, de 16 à 20 francs ; aujourd'hui il est de 50 francs, toutes les voies de communication étant fermées.

Les traitants, pour aller de Sansannding à Kankan, remontaient le Niger jusqu'à Manambougou ; là s'arrêtaient les grandes pirogues, à cause des rapides qu'elles ne pouvaient franchir.

Leur chargement était transporté à dos d'homme ou avec des ânes et des bœufs jusqu'à Bammako ; de là, des pirogues couvertes, plus petites que les précédentes, remontaient le Niger jusqu'au Milo qui conduit à Kankan, où les marchands trouvaient des Mandingues qui leur offraient des captifs et de l'or en échange du sel.

Un captif valait (il y a vingt ans environ) une, deux ou trois barres ; soit un maximum de 75 kilogrammes de sel.

Ces mêmes captifs, à Tombouctou, valaient de douze, quinze à vingt barres [2].

Voici quels sont, en temps normal, les prix approximatifs dans un certain nombre de régions soudaniennes :

A Nioro, dans le Kerigui. — Les Dioulas du Haut-Sénégal ou de la Gambie partent pour Nioro avec de la guinée.

Là ils achètent aux Maures le sel du Sahara.

Dans les moments d'abondance, ils obtiennent *trois bafals* (barres de sel) pour deux pièces de guinée [3].

---

riquet), ne représentent guère qu'une valeur de compte ; la plupart du temps, les produits estimés à une valeur déterminée, s'échangent si cela se peut, directement les uns contre les autres. » (Monteil, *De Saint-Louis...* p. 282.)

[1] Binger, I, 374.

[2] Jaime, *De Koulikovo à Tombouctou*, pp. 218 à 225.

[3] Gallieni, p. 321.

A Ouolosébougou, dans le Djitoumo. — La barre de sel (25 kilos) y vaut 31 ba.

Le ba = 800 cauris.

2 ba = 5 francs d'argent.

La barre de sel vaut donc 77 fr. 50[1].

A Ténétou, dans le Kouzoulamini (à 100 kilomètres environ au Sud de Ouolosébougou). — La pièce de 5 francs = 2 ba + 5 kémé de cauris (le kémé = 80 cauris). La barre de sel revient à 84 fr. environ[2].

A Tiong-i, dans le Niènedougou, à 200 kilomètres environ Sud-Est de Ténetou. — Le prix du kilo de sel varie entre 5 fr. et 5 fr. 50[3].

A Fourou, qui n'est qu'à 40 kilomètres de Tiong-i, vers l'Est, mais qui est un marché mieux approvisionné, le prix du kilogramme de sel est de 3 fr. 50 à 4 fr. La barre du sel y est de 50 ba, tandis qu'à Ouolosébougou, elle est de 31 ba[4].

A Niélé, dans le Follona, à vingt cinq ou trente jours de marche de Bammako, le sel vaut 8 fr. 50 le kilog. Il y est apporté de Kong[5].

A Kong, la barre de sel vaut environ 160 francs[6].

A Kéniéra, dans le Ouassoulou. — Chaque barre de sel vaut un captif. Ainsi deux pièces de guinée, d'une valeur moyenne de 25 francs, procurent aux commerçants trois esclaves[7]. « Le chef de la caravane de Dioulas nous affirme que, dans le Ouassoulou, pour *chaque* barre de sel on lui donnera deux captifs[8]. »

A Kintampo. — « Les cauris étant excessivement rares, on a recours aux échanges directs. Le prix est cependant fixé en cauris pour l'évaluation.

« On dit ainsi : La calebasse de sel vaut 2,000 cauris ; le cent de kolas, 1,000 cauris. Je te donnerai donc 200 kolas pour une calebasse de sel.

---

1 Binger, I, 27.
2 *Ibid.*, I, 54.
3 *Ibid.*, I, 187.
4 *Ibid.*, I, 206.
5 *Ibid.*, I, 257.
6 *Ibid.*, I, 313.
7 Gallieni, *Voyage au Soudan français*, p. 321.
8 *Ibid.*, pp. 356 et 602.

« Principaux articles sur le marché :

« 1° Le sel — de provenance Salaga — se vend par calebasses, dont le prix subit des fluctuations assez sérieuses, surtout en hivernage, lorsque les communications directes avec Salaga sont interrompues à cause des marais de Konkrousou et des inondations de la Volta entre Kaka et Boupi. Il faut alors se rendre de Kintampo à Boualé et de Boualé à Salaga, ce qui correspond à un trajet de vingt jours de marche. Actuellement une charge de porteurs, 25 à 30 kilos de sel, se vend de 16 à 20,000 cauris [1] ».

A Salaga, les Haoussa qui font le commerce du transport du sel à Kintampo, paient une charge de sel (25 à 30 k.) 8,000 cauris [2].

Dans le Mossi, la barre de sel, suivant son poids (30 à 35 k.), vaut 30,000 à 35,000 cauris [3].

A Ouakara, dans le Niéniégué, la barre de sel vaut 45 à 50 ba de cauris. Même prix à Dioulasou [4].

C'est dans les États de Tiéba que le sel acquiert son plus haut prix au Soudan.

Léon l'Africain [5] parle de la ville de Gago et il en dit :

« Le sel se vend *plus chèrement* que toute autre marchandise. »

Binger identifie le Gago de Léon avec Ngokho, dans la région du Follona.

« Léon dit que le sel se vend à Gago plus chèrement que toute autre marchandise. C'est tout ce qu'il y a de plus vrai : Gago est, par son emplacement, situé dans la région où le sel atteint le prix le plus élevé du Soudan. Notre Ngokho est bien le Gago de Léon [6]. »

Comme tous les produits d'un grand prix et de première nécessité, le sel est parfois l'objet d'un agiotage et de manœuvres destinées à rehausser ou à avilir sa valeur. A Oulosébougou, Binger vit imposer aux marchands de sel l'interdiction de dépasser cette ville avec leurs chargements. Il s'agissait en effet pour l'almamy, qui voulait faire

---

[1] Binger, II, 142.
[2] *Ibid.*, II, 143.
[3] *Ibid.*, I, 498.
[4] *Ibid.*, I, 409.
[5] *Description de l'Afrique*, VII, p. 156. Trad. Temporal.
[6] Binger, I, 237.

un achat considérable de sel, de produire une baisse de prix par l'encombrement momentané du marché [1].

C'est entre Sansannding et Ségou que doit être tracée la ligne de démarcation entre le trafic du sel venant de Taoudeni par Djenné et Tombouctou, et celui qui vient de la sebkha d'Idjil par l'Adrar et Tichit [2].

C'est par la voie du Niger que le sel pénètre de Tombouctou dans le Massina et le Bambara. Mais les frais de ce transport sont considérables. Les marchands qui le portent dans l'intérieur du pays sont forcés de le décharger dans l'île de Djafarabé, sur la limite des États de Hamda-Allahi et des Bambaras. Là, les Peulhs prélèvent un droit d'un dixième. On évalue les faux frais à une proportion de 33 p. 100, de telle sorte que sur six blocs transportés à Sansannding, deux sont sacrifiés pour payer ces frais.

A partir de Sansannding, les prix subissent une surélévation plus considérable encore et presque subite. La région de Segou-Sikoro est contiguë à celle de Sansannding, et 70 kilomètres à peine séparent les deux villes ; mais la population du pays de Segou est extrêmement dense, et sur les marchés hebdomadaires de Boghé, de Dongassou, de Koghé et de Segou-Sikoro, il se fait un trafic de sel pour une valeur de plusieurs millions de cauris. Le bloc de sel du poids de 20 kilos s'y vend de 33 à 66 francs [3].

Quant aux provinces situées au Sud de Tombouctou, elles s'approvisionnent volontiers au marché de Dôré [4], dans la province de Libtâko. Le sel y est apporté directement par les caravanes, sans passer par Tombouctou ; elles franchissent le Niger soit à Tossaye, soit à Gogo [5].

Les routes par lesquelles se fait le commerce du sel sont naturellement les grandes voies de communications de la région au Sud du Niger : voies de commerce du sel dans un sens, des kolas dans l'autre. Ainsi, de Sofouroula (dans le Macina, au Sud-Est de Mopti), grand

---

[1] Binger, I, 35.

[2] Ibid., I, 374.

[3] Gallieni's Mission, ap. Petermann's Mittheilüngen, 1882, t. III, p. 90.

[4] A 470 kilomètres Sud-Est de Tombouctou, sur un des bras du Yali, affluent de droite du Niger (41°,20' lat. Nord et 2°,13' long. Ouest).

[5] Barth, ibid., t. V, p. 17.

entrepôt du sel de Taoudeni pour la région, part la route la plus importante qui relie le Mossi au Niger, par Bandiagara, capitale du Macina, Ouadiougué, capitale de l'Yatenga, Yako, Djitenga[1].

Sur la rive droite du Niger, dans le Saberma, il paraît y avoir des ressources de natron assez considérables ; mais le bon sel y fait défaut, comme dans la plupart des régions soudaniennes, et les habitants, Touareg métis, vont s'approvisionner dans la vallée de Fogha[2]. Ils en rapportent le sel par petites caravanes où les bœufs tiennent lieu de chameaux[3].

Voilà donc entre le Sahara occidental et le Soudan occidental une connexion de rapports et une mutuelle dépendance. Autour des salines de l'Adrar et du Djoûf s'est formé depuis des siècles un mouvement commercial ; et le temps a borné son œuvre à remplacer une métropole saline par une autre, sans transformer aucunement les conditions des rapports des deux contrées. La grande direction des voies de commerce du sel n'a pas été modifiée, et les explorateurs du XVᵉ siècle qui, ne retrouvant plus Tegazza, visiteraient aujourd'hui Taoudeni, pourraient s'imaginer que le nom seul de la localité a changé ; ils pourraient écrire leurs relations dans les mêmes termes en remplaçant un nom par un autre[4].

Cet échange de rapports entre le Sahara occidental et le Soudan central n'a pas seulement des conséquences économiques importantes ; il a son retentissement dans l'ordre social et dans le monde moral lui-même, comme le capitaine Binger l'a mis en lumière dans la page suivante : « Le Soudanais n'a à sa disposition pour acheter le sel que des produits du sol ; mais comme les denrées sont difficiles à transporter et que la valeur d'une barre de sel correspond à environ deux cents kilogrammes de mil dans le Ségou, il est difficile de faire accepter un tel poids aux Maures, de sorte que ces derniers sont amenés à exiger l'esclave.

« Avec ce dernier, ils ont le bénéfice du transport gratuit, et en même temps la ressource de l'écouler avec profit vers le Maroc, le Touat, le Tafilet et le Sud de la Tripolitaine.

---

[1] Binger, I, 480.
[2] Il sera question de ce district salin dans le § X de cet article.
[3] Barth, *Ibid.*, t. IV, p. 235.
[4] Barth place Tegazza à 70 milles au Nord de Taoudeni (t. V, p. 24).

« Du jour où l'Europe pourra faire parvenir le sel à un prix raisonnable au cœur de la boucle du Niger, on aura non seulement rendu un réel service à ces populations, en faisant diminuer considérablement le prix du sel des Maures, mais encore on diminuera la traite ; car on enlèvera ainsi aux populations arabes, qui ont actuellement le monopole de ce commerce, leur meilleure monnaie avec laquelle ils se procurent l'esclave [1]. »

Le commandant Gallieni apporte aux déclarations qui précèdent l'autorité de son témoignage. Il écrit : « Les profits retirés du commerce des esclaves sont considérables. Voici comment opèrent les Dioulas : les uns partent de nos escales du Haut-Sénégal ou de la Gambie, avec de la guinée, pour se rendre dans le Kerigui, vers Nioro ; là ils achètent aux Maures le sel du Sahara. Dans les moments d'abondance, ils obtiennent trois bafals (barres) de sel pour deux pièces de guinée. Ils montent ensuite par Kita et Niagassola vers les marchés du haut Niger. En général, ils s'arrêtent à Kéniéra, le point le plus alimenté de captifs ; il paraît qu'on y rencontre, dans les périodes de guerre, plusieurs milliers de ces malheureux. A Kéniéra, chaque barre de sel vaut un captif [2].

VIII

La région centrale du Sahara et la partie du Soudan comprise dans le bassin du Tchad ne sont pas moins étroitement unies par de semblables liens commerciaux ; on trouve même en avançant vers l'Est un objet de commerce qui est presque inconnu dans le Soudan occidental ; c'est le natron. Il y a sur la lisière du désert et du Soudan un certain nombre d'endroits où ce produit minéral est exploité et forme la matière d'un commerce assez étendu. Dans l'Aïr, à quelques heures de marche au Nord d'Agadès, avant de descendre dans la pittoresque vallée de Bouddé, on trouve un plateau couvert d'une mince

---

[1] Binger, *Esclavage, Islamisme et Christianisme*, pp. 31, 33.
[2] Gallieni, *Voyage au Soudan français*, p. 321.

couche de natron. Il est de qualité bien inférieure à celui que l'on recueille dans le Mounio ou sur les bords du Tchad ; cependant on l'exploite, et les régions voisines du Soudan moyen s'en contentent[1].

Il est probable que le Sahara central, mieux connu, nous découvrirait d'immenses réserves salines, comme celles de la sebkha d'Amadghôr, sur l'ancienne route des caravanes de Ouarglâ à Agadès, au pied des contreforts orientaux du Ahaggàr. Les indigènes affirment que c'est la plus belle des mines de sel connues dans le Sahara[2]. Il y eut pendant des siècles, sur les bords de cette sebkha, un des marchés les plus fréquentés du Sahara[3] ; et l'insécurité de la région circonvoisine l'a seule fait abandonner.

« Cette plaine est un long couloir entre le Ahaggàr, la chaîne d'Anhef, et le Tassili du Nord.

« Au centre, est une sebkha ou lac salin desséché, qui donne en grande abondance un sel excellent, jadis utilisé, mais dont l'exploitation est aujourd'hui abandonnée par suite de l'insécurité qui règne dans la contrée.

« Jadis une foire annuelle, remplacée depuis par celle de Rhât, se tenait sur les bords de la saline, et une grande voie de communication directe entre Ouarglâ, Agadez et le Soudan, la traversait dans toute sa longueur.

« Comme il n'y a dans le Sahara occidental que quatre salines pour alimenter de sel 50 millions de nègres, il y a lieu d'espérer la prochaine réouverture du marché d'Amadghôr. Au dire des indigènes, le sel de cette contrée est aussi beau que celui de sebkha d'Idjil, et supérieur à ceux de Taodenni et de Bilma.

« La plaine d'Amadghôr doit être très élevée au-dessus du niveau de la mer ; car elle est, avec le Tassili, un des points de partage des eaux entre le bassin du Niger et la Méditerranée[4]. »

Duveyrier parle également d'une mine de sel qui lui fut signalée dans la montagne au Sud de Tikhâmmalt : « Sur beaucoup d'au-

---

[1] Barth, *Reisen und Entdeckungen in Nord und Central-Afrika*, t, I, p. 426.
[2] Duveyrier, *Les Touareg du Nord*, p. 143.
[3] Berlioux, *Revue de Géographie*, juillet, 1879.
[4] Duveyrier, *Les Touareg du Nord*, p. 18.

tres points, on trouve du sel de qualité inférieure, mélangé de terre, aux environs de Rhât et à Tekertîba, ou provenant de l'évaporation des eaux salines de sebkhas desséchées, notamment sur le cours inférieur de l'Igharghar, à Menkebet–Izîman et à Sîdi–Boû-Hânia. Les puits salés, indiquant la nature saline des terres traversées par les eaux, sont communs[1]. »

Le Fezzan, qui est dans sa partie moyenne à une latitude à peine supérieure de 2 degrés à celle de la sebkha d'Amadghôr, participe à sa constitution saline. Au Nord de la hammada de Mourzouk, dans une région de dunes sablonneuses, Vogel avait signalé un groupe de lacs dont les eaux sont chargées en proportions variables de chlorure de sodium et de carbonate de soude. Les principaux sont le Mandara, l'Omm el-Mà, l'Omm el-Hasan, le Ferêdra, le Tademka[2]. Au premier rang se placent le Bahr el-Trounia, ou mer de Natron, et le Bahr el–Doud, ou mer des Vers. Dans ce dernier les eaux sont tellement chargées de sel qu'elles ont une apparence sirupeuse[3]. Vogel, qui l'a sondé, a trouvé par endroits une profondeur de 8 mètres. On exporte chaque année quelques centaines de tonneaux de soude recueillis dans cette région des « lacs de Natron », pour les vendre sur le marché de Tripoli.

La dépression de l'Ouàdi Lajal, qui divise la hammada de Mourzouk en deux régions absolument semblables au point de vue géologique, l'Ouàdi el-Gharbi et l'Ouàdi ech-Cherki, est couverte de « cet humus très léger, saturé de sel et boursouflé par l'action combinée des eaux profondes et de la chaleur », que les indigènes appellent heycha[4]. Au-dessous, on trouve l'eau à une profondeur moyenne de 3m,50[5].

---

[1] Duveyrier, Les Touareg du Nord.

[2] Nachtigal, Sahara u Sudan. t I, p. 116.

[3] E. Reclus, Géographie générale, XI, 97 et suiv.

[4] « Ce terrain de heycha, on le retrouve plus au Sud, dans l'Ouàdi Otba, dans la Hofra de Mourzouk et dans la Cherguiya autour de Zouila. Cette nature de terrain est aussi celle des oasis septentrionales du Nefzâoua, d'El-Faïdh, de l'Ouâd-Righ, du bassin de Ouarglâ, et même du Touât » (Duveyrier, Les Touareg, p. 67).—Le même auteur signale une mine de sel au milieu de l'Ouàdi el-Gharbi, entre la chaîne de l'Amsâk et les dunes. Mais le mélange du sel avec une terre rousse nuit à sa qualité.

[5] Duveyrier, loc. cit. — Nachtigal, loc. cit. — Reclus, ibid.

Dans la Hofra, ou Fosse de Mourzouk, le fond se compose de *heycha*, comme celui de toutes les cavités du Fezzan. « Les alluvions de la Hofra sont de sable mêlé d'argile, formant un tout assez solide, mais facile à travailler. La terre est tellement saline que les briques avec lesquelles la ville de Mourzouk est construite, se fondent à la pluie comme le sel lui-même. La profondeur moyenne des puits est de quelques mètres ; l'eau qu'ils fournissent est un peu saline comme le sol et d'une digestion difficile [1]. » La ville de Mourzouk elle-même est entourée d'une zone de sable et de marais salins ; et sur l'immense espace désert qui sépare, à l'Est, l'oasis de Mourzouk de Waou el-Kebir, les serir, les dunes et les fonds salins se succèdent régulièrement.

L'oasis de Koufra, sur le prolongement de la même direction vers l'Est, présente des phénomènes semblables. Lorsque le voyageur Gerhard Rohlfs atteignit la partie centrale de l'oasis, il ne fut pas médiocrement surpris de trouver au pied du Djebel Bouseïma (388 mètres) un lac qui s'étend du Nord-Ouest au Sud-Est sur une longueur de 10 kilomètres environ. Il admira à l'extrémité opposée du lac le jeu des flots qui semblaient embrasés par les feux du soleil couchant ; mais il prenait pour des eaux en mouvement les couches de l'air surchauffé, en trépidation au-dessus d'une couche solide de sel. Il put constater que les eaux du lac contenaient du sel à un degré surprenant de concentration.

Les trois autres groupes qui forment l'oasis de Koufra présentent un ensemble de conditions semblables. Il y a un lac considérable à Erbehna ; à Taiserbo comme à Kebabo, on voit des bas-fonds fangeux et de petits lacs, restes de grandes étendues lacustres salées ; et partout se développe la végétation propre aux fonds salins (kasbah et éthel). Les eaux douces que l'on trouve dans le voisinage immédiat de ces lacs salés contiennent elles-mêmes une proportion assez forte de sel ; et il ne faut rien moins que des palais blasés par la salinité et l'amertume ordinaire des eaux de la région pour se faire illusion sur leur saveur véritable [2].

Les régions que nous venons d'énumérer trouvent dans les res-

---

[1] Duveyrier, *Les Touareg*, p. 72.
[2] G. Rohlfs, *Kufra*, pp. 270, 330, 331.

sources salines de leur sol de quoi se suffire à elles-mêmes ; mais leur production n'est peut-être pas assez abondante pour leur permettre un commerce d'exportation, et leur éloignement du Soudan leur interdit l'ambition d'y créer un marché. C'est dans l'intérieur du grand arc dessiné par la position de l'Aïr, de la sebkha d'Amadghôr, du Fezzan, de Koufra et du Borkou, que se trouve l'inépuisable réserve saline où s'alimente le Soudan central. Ce que Taoudeni est pour la région occidentale du Soudan, Bilma l'est aussi pour les régions du centre et de l'Est.

L'oasis de Kaouâr ne tirât-elle son importance que des avantages de sa situation, à peu près à égale distance entre le Bornou et le Fezzan, et sur la ligne directe qui les réunit, ce seraient déjà de précieuses conditions de prospérité [1]. Il faut y joindre le prix que lui donnent les salines de Bilma [2]. Aussi de tout temps l'oasis de Kaouâr fut-elle l'objet des plus ardentes convoitises ; les anciens rois de Kanem l'occupèrent ; les Touareg ne négligent rien pour y faire prédominer leur influence ; les Turcs eux-mêmes ont songé à y établir un poste militaire pour commander les routes du Bornou et surveiller l'exportation du précieux produit dont s'alimente une partie du Soudan. Lorsqu'au commencement de ce siècle les Bagirmiens, sous leur glorieux roi Mohammed-el-Amin, étendirent leur domination sur une partie du Kanem, ils s'emparèrent également de l'oasis de Kaouâr, saccagèrent Dirki et y firent un butin considérable [3].

C'est un peu au Nord-Est de Dirki que se trouve le lac Eldschi. Ce lac, d'une longueur de deux kilomètres environ, donne du sel ;

---

[1] Behm, *Land and Wolk der Tebu* (*Mittheilungen, Ergänzungsheft*, n° 8, p. 38).

[2] Les salines de Bilma se trouvent dans l'oasis de Kaouâr, et il n'y a pas de ville du nom de Bilma. Rohlfs identifie cependant Bilma et Garou, et donne indifféremment le même nom à ces deux localités. « Bilma (Garou) est la localité la plus importante de tout le Kaouâr. » (*Von Tripoli nach Kuka. — Mittheilungen von Peterman, Ergänz*, XXV, p. 26.) Cependant certains auteurs, déterminés sans doute par l'importance du mouvement commercial dont les salines sont le centre, font une oasis particulière de Bilma. — Quoi qu'il en soit, il y a là un ensemble continu de groupes de population et de cultures s'étendant du Nord au Sud sur une longueur d'environ 80 kilomètres et sur une largeur moyenne de 15. C'est pour obéir au besoin de subdiviser que l'on distingue deux oasis, Kaouâr et Bilma (Voy. dans Nachtigal, *Sahara und Sudan*, la carte spéciale qui a pour titre : *Tebu Gebiet*).

[3] Behm, *loc. cit.*

mais ce produit est de qualité inférieure et il ne peut soutenir la comparaison avec le sel des grandes exploitations de l'oasis [1]. Il y a aux environs de la même ville un autre petit lac, presque desséché, d'où l'on retire également du sel ; le produit est bien inférieur en qualité à celui du lac Eldschi [2].

Kalàla et Garou sont les deux villes du groupe de Bilma [3]. Lorsque le voyageur Nachtigal arriva à Kalàla, les femmes de la maison où il fut reçu jetèrent sur lui un peu de sel. Le sel est dans ce groupe de populations, en même temps que la base de la prospérité publique, le signe de l'hospitalité et le gage d'un accueil cordial.

Kalàla est au Nord de Garou, dont il est séparé par une distance d'environ 6 kilomètres. Garou est la plus importante des deux villes ; elle est entourée de murs, privilège qu'elle partage avec la seule ville de Dirki [4] dans le Kaouar ; encore faut-il de la complaisance pour donner le nom de mur à de semblables enceintes. Le développement de Garou semble annoncer une population de 2,000 habitants ; mais on ne tarde pas à s'apercevoir qu'une moitié de la ville est en ruines et que l'autre est en partie inhabitée.

L'impression produite sur le voyageur par le spectacle de cette localité est des plus pénibles ; les maisons basses et irrégulièrement bâties, en mottes de boue salifère, ont un aspect misérable et sale [5].

En songeant à l'exploitation du sel, on s'attend à trouver une prospérité extraordinaire pour le désert ; mais les conditions politiques détestables de la région et le manque de défense font obstacle à un développement normal. Le groupe de Bilma est le but constant des coups de main du brigandage. Les chameaux des Touareg qui viennent y chercher le sel sont un puissant appât pour les tribus pillardes ; et les réserves pécuniaires des habitants, enrichis par le commerce, ne leur offrent pas une moindre tentation. Les Ouled-Solimân y firent naguère de tels ravages que le dénûment des habitants fut extrême et que plus de soixante personnes moururent de faim.

Les habitants du groupe de Bilma pourraient aisément avoir d'au-

---

[1] Nachtigal, *Sahara u. Sudan*, I, 526

[2] *Ibid.*, I, 517.

[3] Voyez pour tout ceci, Nachtigal, *op. cit.*, t. I, pp. 533 à 538.

[4] A 40 kilomètres au Nord.

[5] Rohlfs, *Von Tripoli nach Kùka*, p. 26.

tres éléments de fortune que leurs salines ; car les sources d'eau douce
sont nombreuses dans les environs ; elles entretiennent une herbe abondante et une végétation qui donne à l'oasis un aspect assez agréable.
Mais la plus grande partie de ces eaux se perd sans être utilisée, et la
culture des dattiers qu'elles favoriseraient si bien est médiocrement
en honneur dans la région du groupe Kalâla-Garou.

Il y a dans ces deux villes un grand mouvement d'étrangers ; les
Touareg et les Tebou vont et viennent sans cesse, et les caravanes de
la Tripolitaine et du Bornou s'y croisent. On remarque toutefois que
leur nombre diminue de jour en jour ; mais le mouvement provoqué
par l'exploitation du sel y reste intense. Le commerce d'exportation
est pour la plus grande partie aux mains des Touareg. Ce sont les
tribus des Kêlowî et des Kêlgeris qui ont monopolisé le commerce
du sel vers le Sud-Ouest et vers l'Ouest. Leurs grosses caravanes,
destinées à pourvoir les États Haoussa, font environ trois voyages
par an ; elles viennent par l'Aïr. Chacune d'elles compte 3,000 chameaux.

« Arrivé au Soudan, l'immense convoi se disloque, pour gagner
Tessaoua, Kano ou Zinder, tandis que les voisins des Kêl-Ouï, les
Kêl-Gheress, suivent une route plus occidentale et fournissent le sel à
Sokoto et autres marchés Haoussa de l'Ouest[1]. »

Barth rencontra plus d'une fois dans l'Aïr ces caravanes chargées
de sel, et il voulut se rendre compte de leur importance. Il campa un
jour avec une caravane qui se composait de onze groupes. Chacun de
ces groupes ne comptait pas moins de 200 chameaux chargés de sel,
sans compter les jeunes animaux non chargés. Cette masse de sel re-
présentait environ 100 millions de *kourdi* (soit 40,000 douros d'Espagne). Il vit aussi des caravanes de 2,500 bêtes de somme ; d'autres
de 3,500 chameaux, portant du sel pour une valeur de 150 millions
de *kourdi* (60,000 douros). Encore faut-il remarquer qu'au moment
du voyage de Barth la situation politique de l'Aïr était des plus trou-
blées. Le nombre de ces caravanes et leur force numérique devaient
être beaucoup plus considérables en temps ordinaire. « Sans doute, ajoute
l'illustre voyageur, de tels chiffres sembleront méprisables, et l'orgueil
du commerce européen regardera de haut de pareils procédés d'échange.

---

[1] Schirmer, *Le Sahara,* p. 345.

Il n'en est pas moins vrai qu'il y a là, dans la vie de l'Afrique intérieure, un élément considérable d'activité et de fortune[1]. »

Chaque année, vers le mois de septembre, part de l'Aïr ou Asben, une caravane de 3 à 4,000 chameaux, appelée Aïri. Cette caravane, chargée de céréales et de dattes, se rend à Bilma pour y échanger son chargement contre du sel. L'Aïri, chargée de sel, fait retour à Tintelloust, et se dirige ensuite sur Zinder et Kano. A Zinder, une partie de la caravane se porte sur Katséna et Sokoto. L'Aïri arrive à Kano vers janvier[2].

Indépendamment des grosses caravanes de Touareg destinées aux États Haoussa, il y a un très grand nombre de petites caravanes de Touareg et de Tebou faisant l'exportation au profit de leur propre pays. Les Tebou–Dâza, fidèles à une tradition qui remonte au moins au xiie siècle, apportent toujours encore au Bornou un peu du sel de Bilma[3]. Les habitants du groupe Bilma évaluent à 70,000 charges de chameau la masse de sel livrée annuellement par leurs mines. Malgré tout, leur condition n'est pas des plus prospères; car les Touareg, essentiellement querelleurs et despotes, voulant rester les maîtres absolus du marché et garder une suprématie réelle sur tout le Kaouàr, ne permettent aux habitants la culture des céréales que dans les proportions strictement indispensables; ils se réservent de faire eux-mêmes l'importation des graines nécessaires pour dominer ainsi les transactions et régler souverainement les prix.

Le sel est exploité à Bilma dans des fosses qui, suivant la saison, contiennent plus ou moins d'eau. Grâce à l'évaporation, il se forme à la surface une couche de cristaux de sel.

Ce phénomène est digne d'être remarqué. On en connaît d'autres exemples dans le Sahara. Tissot, décrivant le chott El-Djérid, écrivait : « Une croûte saline dure et transparente comme du verre de bouteille, et résonnant à certains endroits sous les pieds de nos montures....[4]. » Les railleries de M. Pomel ne sauraient annuler ce fait : « Quel étrange

---

[1] Barth, op. cit., t. II, pp. 49, 50.

[2] Monteil, De Saint-Louis à Tripoli, p. 290

[3] Nachtigal, Sahara u. Sudan. I, p. 523. — Edrisi, trad. de Goeje, p. 46. Cité par Schirmer, p. 346.

[4] Géographie comparée de la province romaine d'Afrique, I, pp. 123-4.

lac, et quelle croûte plus singulière encore ! Il n'est pas facile de comprendre pourquoi le sel aurait contrevenu ici à la loi qui partout oblige à se précipiter au fond des bassins la cristallisation des liquides sursaturés ; pourquoi encore les vases et les sables auraient surnagé à la surface comme de l'écume, au lieu d'obéir à la pesanteur pour tomber au fond de l'eau[1] ».

Le fait, exactement constaté par Tissot au chott El-Djérid, se reproduit dans les mêmes conditions à Bilma. Le témoignage de Nachtigal est formel : « Le sel cristallise à la surface de l'eau et forme, avec la poussière et le sable que le vent amène, une croûte blanchâtre ou grisâtre, selon la proportion du sel.... Dans les endroits abrités, l'eau se couvre, en été, d'une mince couche de sel très pur, tout à fait semblable à une couche de glace[2]. »

Rohlfs écrit également : « Voici une particularité absolument remarquable : tandis que dans l'exploitation des salines maritimes (à Capo d'Istria, par exemple), le sel ne commence à se former que lorsque toute l'eau s'est évaporée ou bien a été absorbée par la terre, à Bilma, au contraire, le sel se forme comme la glace, à la surface de l'eau, et cette cristallisation est extrêmement rapide[3]. » Ailleurs : Cette eau est si salée qu'en quelques jours l'évaporation intense fait naître à la surface une croûte épaisse de plusieurs pouces qu'on brise et dont on pêche les morceaux. Le sel recouvre ici la surface de l'eau comme ferait une couche de glace[4]. »

M. Schirmer, dans sa remarquable monographie sur le Sahara, rapproche d'autres témoignages pour fortifier la vérité de ces déclarations[5]. Dans certaines régions du Djérid, « les indigènes creusent, dans toutes les directions, des tranchées de 1m,50 de profondeur que l'eau remplit aussitôt par infiltration, et à la surface desquelles le sel cristallise rapidement[6] ».

La poussière et le sable, qui sont poussés par un vent presque constant, couvrent la surface des mines d'une couche dont la couleur est

---

[1] *Revue scientifique*, 1877, II, p. 435. — Schirmer, *Le Sahara*, p. 116.
[2] *Sahara und Sudan*, I, pp. 536-7.
[3] *Von Tripoli nach Kuka*, p. 26, col. 1.
[4] *Quer durch Afrika*, I, p. 249.
[5] Schirmer, *Le Sahara*, p. 117.
[6] Baraban, *A travers la Tunisie*, p. 110.

plus ou moins blanche ou grise, suivant la quantité de sel déjà formée.

Cette croûte se distingue si peu du sol environnant qu'on croirait pouvoir marcher dessus ; mais elle ne porterait pas, car un bâton la traverse sans trouver de résistance, et pénètre sans difficulté d'un pied dans cette masse de sel qui forme une sorte de bouillie.

Les fosses dans lesquelles se fait l'exploitation ont de 10 à 20 mètres de long, et de 6 à 10 mètres de large ; elles sont généralement de forme ovale, et leur dépression paraît d'autant plus profonde qu'elles sont entourées, comme d'un bourrelet, de monticules formés par la terre enlevée peu à peu ; ce bourrelet n'atteint pas moins de 8 à 10 mètres de hauteur moyenne.

L'exploitation la plus active a lieu pendant les fortes chaleurs. Deux fois par semaine, on brise la couche supérieure de la fosse ; la masse terreuse et les cristaux de sel sont enlevés, et l'eau exposée librement à l'évaporation. Le sel en cristaux forme une qualité supérieure ; pour augmenter la production, on prépare un second sel. Le travail des préparateurs du sel consiste à pétrir dans cette eau la bouillie formée avec la croûte supérieure ; on la pétrit avec des bâtons ou avec les pieds ; puis on fait bouillir ce produit et on obtient le sel par une évaporation artificielle.

On donne au sel la forme de pains de sucre ou de pains ronds. On le vend aussi en poudre et en cristaux. Suivant son degré de pureté, le sel est d'une couleur blanchâtre ou grise ; c'est le seul échantillon du sel de Bilma qui soit comestible pour les Européens ; car le sel ordinaire est très amer et il exhale en outre une odeur qui le rend très désagréable aux délicats[1]. Il y a naturellement plus d'une qualité du même produit, et on abandonne aux bestiaux le sel de qualité inférieure.

C'est la qualité débitée en pains ronds ou en forme d'assiette qui est la moins appréciée. Elle est mélangée, dans une forte proportion, de sable et de particules terreuses.

La grande exportation se fait surtout sous la forme de pains de sel coniques ; dix de ces pains font une charge de chameau. Sur les principaux marchés du Soudan central, à Kano, à Sokoto, le prix de la vente atteint jusqu'à trente fois le prix d'achat. Si l'on déduit un

---

[1] Barth, *op. cit.*, t. II, p. 571.

tiers de ce bénéfice pour les frais d'achat, de nourriture des chameaux, et pour l'entretien des hommes qui forment la caravane, il n'en reste pas moins un bénéfice énorme, comparable à celui que pouvait donner, au lendemain des grandes découvertes, le trafic des épices.

IX

L'importance des autres districts salins du Sahara oriental s'efface devant la grandeur de l'exploitation du groupe Bilma. Mais quand il s'agit d'un produit à la fois indispensable et rare comme le sel, aucune source ne doit être négligée.

A 700 kilomètres environ à l'Est-Sud-Est de l'oasis de Kaouâr, dans le Borkou, l'oasis de Boudou est le centre d'une exploitation saline[1].

Cette oasis s'étend du Nord au Sud et demande, pour être traversée, une demi-journée de marche. La vallée qui la constitue est fermée au Nord par la petite chaîne de l'Eï Koroka, qui se recourbe en forme d'arc et l'enveloppe en partie du côté de l'Est. A peu près au centre de l'oasis s'étend la plaine salifère d'Aouï ; quelques minutes suffisent pour la traverser dans le sens de la largeur ; il faut une demi-heure dans celui de la longueur. Vers le Sud s'élève un bois de dattiers au centre duquel est une source d'eau douce ; on en trouve une également au Nord de la plaine d'Aouï[2].

Le voisinage de ces deux sources d'eau douce est précieux ; car le sel que l'on recueille sur la plaine d'Aouï est très impur, et il a besoin d'être lavé. La préparation se fait comme à Bilma ; avec cette différence qu'à Bilma, la nature a réuni sur le même point, et comme confondu, le sel et l'eau.

A Aouï, le sel blanc, le plus pur, est réduit en poudre dès qu'il est sec. Il y a une autre qualité, de couleur grise tirant sur le vert ; on

---

[1] Nachtigal, *Sahara und Sudan*, t. II, p. 110.
[2] Pour toutes les localités du Soudan central citées ici, voir la belle carte de l'Afrique éditée en l'honneur du centenaire de la maison Perthes, *Spezial-Karte von Afrika entworfen von Hermann Habenicht.*

le pétrit en forme de pains ronds ou coniques. Somme toute, le sel d'Aouï est bien loin de valoir celui de Bilma ; il est beaucoup plus amer.

Comme Boudou n'est pas sur la grande voie commerciale des caravanes, et que le gisement d'Aouï est considérable, le prix du sel y est extrêmement bas. C'est Aouï qui fournit à la consommation du Borkou, d'une partie du Ouadaï et du Kanem. Nachtigal rapporte que, pour une mauvaise aiguille de fabrication italienne ou allemande, on pouvait avoir à Aouï un pain de sel de plusieurs livres.

On peut signaler également, dans la partie méridionale du Borkou, entre les oasis d'Elleboë et de Woun, une importante exploitation de natron à Kiddeni.

A l'Est-Nord-Est du Borkou, et à 280 kilomètres environ de Boudou, on trouve à Dimi, au milieu du désert, un gisement considérable de sel gemme de couleur rouge. On exploite également le sel à Fôdi Intêgiding, à peu près à égale distance du Borkou et de l'Ennedî[1].

Les indigènes de l'Ennedî sont principalement occupés au transport du sel de ces deux centres d'exploitation à Billia. C'est Billia qui est l'entrepôt de ce commerce ; de là, le sel est porté dans le Ouadaï ou le Dar-Four. Le sel de Dimi surtout est estimé, et tel est le profit que les indigènes retirent de ce trafic, qu'il suffit à leur procurer tout ce qui leur manque en céréales et en vêtements. Billia est le grand marché de la région ; là se concentrent les grains, les tissus du Soudan ; là est amené le bétail, moutons, bœufs, chameaux. Le sel y est le véritable étalon monétaire ; l'unité de monnaie, à Billia, est la charge de chameau ou dix *bâié* (paniers) de sel de Dimi. Dix *bâté* représentent environ dix à quinze moutons, vingt à trente chèvres, deux bœufs, deux tobés de couleur foncée, ou un chameau de prix. Pour donner par comparaison une idée de la valeur de ces échanges, Nachtigal fait observer que l'écu de Marie-Thérèse est connu sur le marché de Billia, où il a été apporté du Ouadaï, et que pour trois ou quatre de ces écus on a un chameau ordinaire. Sur les marchés du Ouadaï, une mesure de sel rouge de Dimi vaut trente mesures de céréales.

Si le Ouadaï s'approvisionne de préférence aux marchés alimentés

---

[1] Nachtigal, *op. cit.*, t. II, p. 180.

par Dimi et Fôdi Intégiding, le Dar-Four consomme presque exclusivement [1] les produits de salines situées en plein désert, sur la route
du Dongola. Ces salines sont connues sous les noms de Zoghawa, Bir
el Attron, Bir el Malha ; elles ont reçu le premier de ces noms de la
tribu des Zoghawa, ou Zaghawi, qui en ont presque monopolisé
l'exploitation.

Il y a dix jours de marche de Bir el Malha au Dongola ; soit six
jours de Bir el Malha à El Goyah, et quatre d'El Goyah à la frontière
du Dongola. On compte sept jours des sources de Medot (au Nord
du Dar-Four) à Bir el Malah.

Browne, qui visita ces régions à la fin du siècle dernier [2], était frappé
de la quantité de natron qui couvrait le sol aux environs de Bir el
Malah. Ce natron est très blanc, dur ; il s'échauffe quand on le plonge
dans l'eau, et il perd en même temps une grande quantité de l'air
qu'il contient. On en apporte en Égypte, et on l'y vend à un prix
très élevé ; on l'emploie spécialement pour la fabrication du tabac en
poudre.

Mohammed el Tunsy déclare [3] que le sel de Bir el Malah est le plus
mauvais que l'on puisse trouver au monde ; il est mêlé à une quantité
notable de terre et il faut d'abord le nettoyer en le faisant dissoudre
dans de l'eau. Malgré tout, l'importance de ce produit est extrême ;
car le Dar-Four presque tout entier s'en nourrit. L'exploitation et
le commerce en sont faits par les Zoghawa, les Zeyadyeh, les Areigat
et les Bedeyat [4], qui ont leurs principaux établissements soit dans le
Dar-Four, soit dans les déserts qui forment la frontière Nord de ce
pays [5].

Ainsi se distribuent, d'un bout à l'autre de la masse continentale
de l'Afrique, du bord de l'Océan jusque dans le voisinage du Nil, les
gisements salins dont la présence appelle dans le désert une activité
commerciale inattendue, anime sa solitude et compense par les échanges
le dénûment auquel seraient condamnées la plupart de ses tribus.

---

[1] Si, comme le déclare Browne, un district du Dar-Four produit du sel fossile,
cette production est dans tous les cas insuffisante.

[2] Browne, *Nouveau voyage dans la Haute et Basse-Égypte, la Syrie, le Dar-Four, de
1792 à 1798.* Paris, 1800, t. I, p. 280.

[3] *Voyage au Ouaday*, p. 352.

[4] Behm, *Land und Volk der Tebu*, p. 38.

[5] Voyez la carte *Inner Afrika* de Petermann et Hossenstein, feuille 4.

X

Tributaire du Sahara pour la fourniture du sel, le Soudan n'attend pas tout cependant de la région voisine. Sur la lisière Nord, quelques districts soudaniens participent en quelque sorte de la nature saharienne et offrent des fonds salins dont l'exploitation est un élément de fortune. Cette disposition favorable du sol paraît s'atténuer à mesure que l'on s'éloigne de la ligne de séparation du Sahara et du Soudan[1]. Ainsi les États Haoussa, le Bornou, les alentours du lac Tchad, le Kanem ne sont pas absolument déshérités, et à défaut de sel pur, le natron est encore pour eux une ressource précieuse.

Dans sa traversée du Soudan. Monteil a exploré attentivement la région des Dalhol, larges déclivités presque parallèles l'une à l'autre, d'une largeur de plusieurs kilomètres, qui s'étendent dans la direction du Nord-Est au Sud-Ouest, entre le cours du Niger et le Goulbi N'Sokoto. On distingue le Dalhol Bosso à l'Ouest et le Dalhol Maouri à l'Est. Les terres du Dalhol sont des terres salifères, argiles et sables ; outre du sel, elles contiennent aussi du natron. Du Dalhol, les indigènes extraient le sel par le simple lavage des terres salifères. Ils en extraient aussi le natron. « La préparation est la suivante : les terres qui contiennent du natron sont d'aspect noirâtre. A la suite de l'évaporation de l'eau des pluies, cette terre se tuméfie à la surface, et en enlevant la croûte, on trouve une terre blanche que l'on mélange avec un peu d'eau. Cette solution, on la laisse tomber goutte à goutte sur une plaque de fer rougie au feu, on obtient ainsi une plaque de natron cristallisé qui, sous cette forme, s'exporte sur les marchés de Say et de Dori. Ce natron cristallisé s'appelle « kaoua » dans les pays foulbé et haoussa. Du natron, les indigènes font parfois usage pour remplacer le sel dans la préparation des aliments ; mais il est surtout employé pour la mastication du tabac. Dans tous les pays foulbé et

---

[1] L'exploration plus exacte des régions méridionales du Soudan réserve peut-être des surprises. C'est ainsi que dans le bassin supérieur du Bénoué, M. Mizon a découvert un affluent de la grande rivière, le Mayo Kilbou (*rivière du sel*) dont les eaux font vivre des huîtres, des moules, des crabes.

haoussa, chaque homme est porteur d'une petite poire en cuir où se trouve sa provision de tabac séché, sans autre préparation que l'élimination des côtes. Dans le même récipient est un morceau de kaoua. Pour former sa chique, l'homme prend une pincée de tabac, le place sur le devant de la bouche, entre la lèvre inférieure et les dents ; puis portant à sa bouche le morceau de natron, il en détache une parcelle qu'il mélange au tabac. Quoique chiquer soit une habitude très répandue, l'indigène dépourvu de natron préfère s'abstenir plutôt que de chiquer le tabac seulement[1]. »

Mais l'Adamaoua, le Bagirmi, et plus à l'Est, le Dar-Koulla, la région du Bahr-el-Gazal, par exemple, sont absolument privés de sel ou de produits analogues, et les indigènes ont recours aux moyens les plus bizarres pour les remplacer.

Suivons cette progression décroissante, de la lisière du Sahara au cœur même du Soudan.

Dans la province de Koubbi, Barth a signalé la vallée de Fogha, qui sert de limite aux deux grandes confédérations ethniques du Haoussa et du Sonrhay. Cette vallée, qui s'ouvre du Nord au Sud, offre un aspect pittoresque, avec la couronne verte de ses palmiers et les fonds où paraît croupir une eau noirâtre. Ces mares, peu profondes, mais suffisamment étendues, sont de véritables mines de sel.

Le mode d'exploitation est singulier[2] ; les esclaves chargés de ce travail ramassent, dans des entonnoirs faits de paille et de roseaux, de la terre enlevée au sol de la vallée[3]. Cette terre est imprégnée de sel ; c'est elle qui doit le livrer. Pour l'obtenir, on la détrempe d'eau, on la lessive en quelque sorte, et on fait cuire le liquide recueilli. Le sel se dépose au fond des vases, et on le pétrit en forme de pains. Il est d'un gris-jaunâtre, très recherché pour la cuisine, et d'une qualité supérieure au sel de Bilma que son amertume déprécie. Barth, qui eut occasion de goûter, dans la vallée même de Fogha, du sel de Taoudeni apporté par des pèlerins du Sonrhay, déclare que le sel de Fogha se rapproche beaucoup de celui de Taoudeni.

---

[1] Monteil, *De Saint-Louis à Tripoli*, p. 202
[2] Barth, *Reisen...*, t. IV, pp. 228 et *seq.*
[3] Barth insiste sur le fait que le sel de la vallée de Fogha provient véritablement de la terre, et non des herbes croissant à sa surface, comme on en fait l'extraction dans un certain nombre de localités du Soudan

Le travail de préparation du sel dans la vallée de Fogha n'est possible que pendant la saison sèche et la première partie de la saison des pluies. Car, à la fin de la saison pluvieuse, toute la vallée est inondée, et cette surface d'eau est suffisamment douce pour entretenir une grande quantité de poissons ; la salinité du sol n'est pas assez considérable pour s'exercer sur une masse d'eau qui couvre la vallée tout entière et qui dépasse souvent la hauteur de deux pieds. Le travail de préparation du sel devrait cesser, semble-t-il, dès le premier jour des pluies ; mais les indigènes ont la précaution de faire à l'avance de grosses réserves de terre saline, sur lesquelles ils opèrent pendant les premières semaines de la saison des pluies.

Le point de la vallée de Fogha où le travail du sel est le plus actif porte le nom de Ssile–Tscholi. C'est un hameau autour duquel s'étendent de puissantes terrasses de 3oo pas en longueur et en largeur, hautes de 20 pieds. Ces levées sont formées par l'accumulation des débris de la terre enlevée au sol de la vallée.

Le sel est l'unique ressource des habitants de la vallée de Fogha. Cet élément de richesse les expose même aux invasions fréquentes de leurs puissants ennemis, les Dendi, dont la capitale, Yelou, est à 25 kilomètres à peine de Ssile–Tscholi. La ville de Kallioul, qui est à l'extrémité méridionale de la vallée, est périodiquement ravagée par les tribus pillardes du voisinage, qui s'attaquent surtout aux troupeaux et aux esclaves. La perte des esclaves est le préjudice le plus considérable ; car ce sont eux qui sont employés au travail du sel, et leur enlèvement tarit la source de la fortune publique [1].

Le sel de Fogha est apporté sur le marché de Say. Monteil y en a vu des spécimens ; « c'est un sel terreux, couleur bistre ; il est enfermé dans des prismes de paille de 0,40 de longueur sur 0,10 de hauteur. Un homme porte cinq à six de ces paquets. Sur le marché de Say, il se débite sous la forme d'un petit cône de 0,04 de hauteur sur 0,03 de diamètre à la base [2] ».

Plus vers l'Est, dans la partie occidentale du Bornou, qui forme

---

[1] Barth ajoute que dans le prolongement de la vallée de Fogha, vers le Sud, on trouve, au défilé de Kallioul, un certain nombre de localités où le sel est exploité de la même façon.

[2] Monteil. *De Saint-Louis à Tripoli*, p. 198.

comme une boucle au Nord de Sokoto, et qui est occupée par la région
boisée de Mounio, le natron est exploité sur plus d'un point. Dans le
voisinage de Bouné-le-Neuf, au milieu d'une nature riante et d'une
riche végétation, Barth fut surpris de voir s'étendre et briller la surface
de neige d'un lac de natron. Les indigènes l'exploitent. Le trait sail-
lant de ce bassin, c'est le contraste de la richesse des alentours et de
la nature de production du lac lui-même. Le secret en est dans
l'abondance de l'eau douce que l'on trouve à une très faible distance
du bord du lac et à une profondeur insignifiante [1].

A 40 kilomètres environ de Bouné-le-Neuf, vers l'Ouest, le village
de Magadjiri vit de l'exploitation d'un lac de natron situé dans son
voisinage, le lac de Keleno. Le natron forme à la surface du lac une
croûte épaisse d'un pouce environ. Suivant les saisons, l'épaisseur de
cette couche varie, comme le mode de débit. Tantôt on ne peut avoir
que de petits fragments, et comme des miettes; tantôt, au contraire,
à la fin de la saison des pluies, on peut extraire des morceaux beaucoup plus gros. Même alors cependant on ne saurait les comparer à
ceux que l'on exploite sur les bords du Tchad. La qualité du natron
de Keleno varie, paraît-il, suivant la grandeur des morceaux débités,
et les indigènes les distinguent par des noms différents. Ils appellent
kilbou tsarafou le natron en gros morceaux, exploité à la fin de la
saison des pluies, et *boktor* le natron en miettes. La surface entière du
lac est d'environ un mille et demi. On voit sur ses bords de hauts amas
de natron de 30 pieds de diamètre à la base et de 12 pieds de hauteur, couverts de roseaux. C'est à Magadjiri qu'est l'entrepôt général
et le marché pour toute la région.

La plaine de Gadabouni [2], qui s'étend à 30 kilomètres environ au
Nord-Ouest de Magadjiri, offre un phénomène étrange, celui de la
juxtaposition, dans le fond de la même vallée, de deux lacs réunis
entre eux par un canal, et contenant, l'un de l'eau douce, l'autre de
l'eau saturée de natron [3]. La plaine de Gadabouni, richement arrosée,
porte avec une remarquable abondance les récoltes les plus variées,
sorgho, millet, coton, poivre, indigo, oignons; et les deux villages

---

[1] Barth, *Reisen...*, t. IV, p. 47.

[2] On écrit aussi *Badamouni*.

[3] Barth, *op. cit.*, t. IV, pp. 70 et *seq.*

établis dans le voisinage des lacs se cachent dans la végétation touffue des jardins et des plantations. Ce n'est pas sans surprise que Barth constata entre les deux lacs une si profonde différence. Elle s'accusait d'elle-même aux regards par la couleur des eaux et l'agitation ou le calme de leur surface. Les unes étaient d'une couleur bleue intense et semblaient dormir sous une surface immobile et unie ; les autres, d'un vert foncé, se soulevaient en vagues rapides et blanchissantes sous l'action d'un vent violent. Le canal qui relie les deux lacs a une largeur de cent pas environ, et sa profondeur moyenne ne dépasse pas ordinairement 4 pieds 1/2. Mais il est probable que la végétation de roseaux qui l'envahit est un obstacle à l'échange des eaux, et que, malgré ce canal, les deux lacs sont à peu près fermés l'un à l'autre.

Les pays qui s'étendent au Sud du Tchad, le Bagirmi[1], l'Adamaoua et ceux qui sont habités plus au Sud par des populations païennes, sont presque entièrement privés de sel. C'est à peine si, çà et là, on peut suppléer à son défaut par l'exploitation du produit salin tiré de la cendre de différents arbres.

Dans la partie Sud-Est du Sokoto, sur la rive droite du Bénoué, à 25 kilomètres environ au Sud de la ville de Mouri, Vogel visita la petite localité de Boumanda. Quoi qu'on ait pu en penser pendant quelque temps, il n'y a rien de commun entre le mode de préparation du sel usité dans la vallée de Fogha et celui qu'on pratique à Boumanda. Ce n'est pas en effet le sol qui est riche en sel et qui le livre directement, après avoir été détrempé et soumis à la cuisson. A Boumanda, le sol ne contient pas de sel ; on l'extrait de la cendre de certaines herbes spéciales qui y croissent en grande quantité[2]. C'est un procédé analogue à celui que l'on emploie par exemple à Miltou, dans la partie méridionale du Bagirmi. Boumanda fournit presque exclusivement le sel qui est apporté sur le marché d'Yola, et qui est, avec les tissus de Kano à l'usage des femmes, les perles de verre et les calicots blancs, un des principaux objets de commerce d'importation dans l'Adamaoua.

A Djérodri, important marché de l'Adamaoua, à une journée à l'Est

---

[1] Nachtigal, *Sahara...*, t. II, p. 619.
[2] Barth, *op. cit.*, t. II, p. 599.

du Bénoué, on a offert à M. Casimir Maistre du sel de provenance anglaise ; il avait très bel aspect et il était d'un blanc irréprochable ; mais on n'avait pas de peine à reconnaître que le plâtre ou un autre ingrédient entrait pour les trois quarts dans sa composition. Il était presque insipide[1].

Les populations riveraines du Tchad, surtout à l'Est du lac, doivent se contenter d'un produit de même origine. Elles se servent des racines de la plante *Capparis*, qu'elles font brûler ; puis elles en lavent les cendres ; c'est de cette boue qu'elles extraient le sel, en faisant évaporer l'eau. La fabrication est aux mains des Bouddouma, et les indigènes du Kanem en font l'exportation jusqu'à Kouka[2]. Ce sel est très pauvre et presque sans goût ; il est pourtant bien supérieur à celui que les indigènes du Kotoko, au Sud du Tchad, retirent de la fiente du gros bétail. A Miltou, dans le Bagirmi, sur le cours moyen du Schari, on fait un sel passable avec les cendres d'une herbe qui croît en abondance dans le fleuve. Quant aux Moussgou, sur le Logone, ils retirent des cendres du millet et de la paille de sorgho une substance qui leur tient lieu de sel.

Le Kanem vit d'importation. Il ne tire de son sol que les maigres ressources de quelques bassins de natron disséminés çà et là. Sur la route de Mao à Gala, Nachtigal traversa une riante vallée[3] longue de deux heures de marche environ, dans laquelle se succédaient six bassins de forme circulaire dont le fond était occupé par un lac de natron. Le premier et les trois derniers seuls ont un nom ; ce sont les bassins de Mettou, de Rojendou, de Mapal, de Billangàra. L'exploitation ne paraît être ni régulière, ni productive[4].

---

[1] C. Maistre, *A travers l'Afrique australe*, p. 239.
[2] Barth, *op. cit.*, t. III, p. 40.
[3] *Sahara...*, t. II, p. 266.
[4] On trouvera ces localités marquées sur la carte particulière du *Bornou, Kanem et Bagirmi*, dressée pour éclairer le texte de Nachtigal. — La *Carte du centenaire* ne le donne pas ; mais on y trouve, teintée en vert, la vallée de Maho à Gala.

XI

Toute la région soudanienne qui s'étend du Dar-Four au Nil paraît être plus déshéritée encore que la partie centrale, au point de vue des ressources en sel. Le Dar-Koulla[1], qui fournit aux marchands du Borkou et du Dar-Four un contingent énorme d'esclaves, reçoit ordinairement du sel en paiement de cette marchandise humaine. Au début de ce siècle, un esclave mâle de douze à quatorze ans se payait douze livres de sel. Une jeune fille valait trois livres de plus, « une livre pour ses yeux, une livre pour son nez, une livre pour ses oreilles », disent les marchands avec une féroce ironie. Quand le sel importé au Dar-Koulla se paie en cuivre, quatre livres de sel valent deux livres de cuivre[2].

La région du Bahr-el-Gazal ignore absolument le sel. Le sous-carbonate de soude qui lui est substitué s'obtient en faisant bouillir dans l'eau les cendres du *grevia mollis,* arbuste commun dans toute la contrée[3]. Chez les Dinkas, on emploie au lieu de sel dans la fabrication des cosmétiques l'urine du gros bétail. Les hommes ne souffrent pas seuls de l'absence du sel. Cette privation est pour le bétail des Dinkas une cause active et continue d'appauvrissement, et on explique par le défaut de sel la production d'une quantité surprenante de vers qui tapissent la panse de tous les bestiaux de la région du Bahr-el-Gazal[4].

C'est également par le lessivage de la terre, quand elle se trouve légèrement salifère, ou par le lessivage des cendres de plantes spéciales que les indigènes du Sennaar et du Kordofan obtiennent un produit analogue au sel. Aux environs d'Arasch Kool, sur la limite du Sennaar et du Kordofan, à quelque distance de la rive gauche du Bahr-el-Abiad[5], le voyageur Théodore Kotschy a trouvé un établis-

---

[1] Voy. la carte *Inner Afrika* de Petermann et Hassenstein, feuille 5.
[2] Browne, *Voyage au Dar-Four,* t. II, p. 91.
[3] Schweinfurth, *Au Cœur de l'Afrique,* trad. Loreau, t. I, p. 260.
[4] Schweinfurth, *Ibid.,* t I, pp. 161 et *seq.*
[5] Voy. la carte *Inner Afrika,* de Petermann et Hassenstein, feuille 6.

sement d'Arabes sauniers. Ils obtenaient un sel assez blanc de quantité suffisante en faisant le lessivage de la terre. Ce sel s'exporte au loin ; on le débite par corbeilles en forme de pains de sucre, d'un poids déterminé ; la corbeille vaut cinq piastres. C'est un des produits d'importation les plus recherchés sur le marché d'Obéid [1].

L'antiquité connaissait aux environs de Schendi, dans la contrée où s'éleva l'ancienne ville de Méroé, une mine de sel qui fournissait ce minéral à toute l'Éthiopie. Strabon en parle [2], et Burkhardt [3] dit que ce sel, qui est très blanc, est très recherché par les marchands du Sennaar, qui viennent le chercher pour en approvisionner l'Abyssinie. C'est peut-être ce même produit que les habitants d'Axoum exportaient jusqu'au cœur du pays des Somalis. Le moine Cosmas parle d'une façon positive de ce mouvement commercial [4], et il est intéressant de retrouver ici, pour ce même objet de trafic, un nouvel exemple de ce *commerce muet*, signalé au début de cette étude, d'après le témoignage plus de quatre fois séculaire du Vénitien Ca-Da-Mosto.

« Le pays de l'encens est situé à l'extrémité de l'Éthiopie, à cinquante journées d'Axoum, près de l'Océan, auquel il ne touche pas pourtant. Les habitants du Barbaria voisin ou de Sasou vont y chercher l'encens et autres parfums précieux pour les transporter par eau dans l'Arabie heureuse et dans l'Inde. Sasou est très riche en mines d'or. Tous les deux ans le roi d'Axoum [5] y envoie des gens pour faire le commerce de ce métal. Mais à eux se joignent encore beaucoup d'autres marchands, de manière qu'ils forment une caravane de cinq cents personnes et au delà. Mais ils y conduisent des bœufs, du sel et du fer. Une fois arrivés aux frontières du pays, ils s'y établissent et forment un grand retranchement dans les broussailles [6].

« En dedans de ces retranchements, ils tuent les bœufs, les coupent

---

[1] Kotschy's, *Reise von Khartum nach Kordofan,* 1839, ap. Mittheilungen, *Ergänz.* n° 7, p. 9.

[2] Ὀρυκτοὶ δὲ ἅλες, καθάπερ ἐν τοῖς Ἄραψι (Strabon, liv. xvii, ch. ii, § 2.)

[3] *Travels in Nubia,* p. 319, cité par Heeren.

[4] Cosmas, ap. Montfaucon, *Coll. nova Patrum,* t. II, p. 139 ; cité par Heeren.

[5] Le Tigré actuel.

[6] « Cela répond entièrement aux localités. Des broussailles, surtout de l'arbuste appelé *Kantuffa,* sont ici les retranchements les plus impénétrables. » (Note de Heeren, d'après Bruce, *Travels to discover the source of the Nile,* t. II, p. 443.)

en morceaux qu'ils étendent, ainsi que le fer et le sel, sur les ronces. Viennent ensuite les habitants, qui mettent une ou plusieurs pièces d'or sur les marchandises et attendent en dehors que le marché s'accomplisse. Les propriétaires de la viande ou des autres objets examinent si le prix leur convient ou non. Dans le premier cas, ils prennent l'or, et les naturels du pays emportent les marchandises ; dans le cas contraire, l'indigène ajoute encore de l'or ou bien reprend la somme offerte. Tel est le commerce dans ces régions, vu qu'on y parle plusieurs langues et qu'il n'y a point d'interprètes ; il dure environ cinq jours, jusqu'à ce que les marchandises apportées soient vendues [1]. »

Si, en outre, comme le propose Heeren, on applique au peuple de la contrée de Sasou et au marché décrit par Cosmas ce qu'Hérodote raconte des Macrobiens et de la Table du Soleil, on reporte singulièrement loin dans le passé les indices de ce mouvement commercial.

Lorsque, au début du xvi⁰ siècle (1520), des relations s'établirent entre le Portugal et l'Éthiopie, Francesco Alvarez, qui fit partie de l'ambassade en qualité de chapelain, fut frappé de l'importance qu'avait dans ces régions l'exploitation et le trafic du sel. « La meilleure marchandise qu'on puisse trouver en Éthiopie est le sel, courant pour monnaie, tant par les royaumes de Prête-Jan que par les terres des Maures et Gentils ; et se dit que de là il arrive jusqu'à Manîcongo, sur la mer du Ponant.

« Ils tirent ce sel des montagnes, par carreaux, dont la longueur de chacun d'eux est d'une paume, n'ayant pas plus de quatre doigts en largeur et trois en cassure ; puis, se charroie sur charrettes et animaux en manière de bûches de bois.

---

[1] Heeren (*De la politique et du commerce des peuples de l'antiquité*, trad. franç. de W. Suckau, vol. V, pp. 47 et suiv.) place le pays de Sasou entre Bab-el-Mandeb et le cap Guardafui. Mais M. Vivien de Saint-Martin a parfaitement démontré (*Le Nord de l'Afrique dans l'antiquité*, p. 236) qu'il fallait chercher plus dans l'intérieur du continent la vraie place du pays de Sasou dont parle Cosmas, et qui n'est autre évidemment que le Saső de l'inscription d'Adulis. Il faut identifier le pays de Sasou avec « le royaume de Sousa, le plus puissant et le plus étendu de tous les États indigènes situés vers le Sud et le Sud-Est du Choa. Ce pays n'est sans doute pas différent du Kâfa, ou du moins il confine au Kâfa propre du côté du Midi. Le nom de Kâfa, selon toute apparence, serait d'origine moderne, peut-être galla, tandis que celui de Sousa serait la dénomination ancienne et indigène. »

« Au lieu où il se tire, la drachme d'or en vaut cent ou six-vingts pierres, cette drachme pouvant monter, selon mon jugement, jusqu'à la valeur de trois cents *reais*, qui sont trois quarts de ducat d'or en or ; puis, étant charroyé en une foire que nous trouvâmes sur notre chemin, en un lieu qui se nomme Corcora, à une journée d'où il se tire, on en donne cinq ou six pierres moins par drachme, allant ainsi diminuant de foire à une autre, si bien qu'étant porté à la cour de Prête-Jan, il n'en va que six pierres à la drachme. Et j'ai encore vu qu'on n'en donnait plus de cinq en temps d'hiver ; de sorte qu'on en démène de grands négoces et trafics, à cause que c'est une marchandise chère au possible. On dit que pour trois ou quatre pierres, se peut acheter un bon esclave au royaume de Damut ; et encore plus outre dans la terre des esclaves, on en trouve un par pierre ; voire et s'achète ce sel quasi au poids de l'or.

« Nous rencontrâmes par le chemin trois ou quatre cents bêtes en une troupe, chargées de belle marchandise, et des autres à vide qui en allaient quérir ; apportant (ainsi que l'on disait) à grands seigneurs, qui y faisaient tous les ans faire un voyage, pour supporter la dépense extraordinaire qu'ils faisaient en cour. Nous trouvâmes encore des gens chargés de ce sel, qui le portent de foire à autre, où ils s'en servent, le faisant courir pour monnaie, au moyen de quoi ils en achètent ce qui leur est nécessaire[1]. »

De nos jours, dans tout le Choa, le sel est une valeur d'échange. A Omo, le sel est à la fois un objet marchand et la monnaie courante des transactions, sous la forme de petits paquets ronds, enveloppés dans des feuilles sèches de kotcho. Il est nitreux et provient du Wallamo[2]. On l'emploie pour la nourriture du bétail.

Le veau représente la grosse monnaie d'argent. Sa valeur est de

---

[1] Fr. Alvarez, *Viaggio nella Ethiopia*, 1520-1526 ; publié au tome Ier de la collection de Ramusio. — Nous avons emprunté la traduction de Temporal, *Histoire de l'Éthiopie décrite par Dom Francisque Alvarez, et son voyage fait esdites parties,* III, 169, 170.

[2] « Le Wallamo (ou Walaitza) est limité par le Tambaro, au N.; la rivière Billaté, à l'Est; le lac Abala et le Koutscha, au Sud, et l'Omo, à l'Ouest.
(Borelli, *Éthiopie méridionale*, p. 346).

cinq à six sels. Une jolie esclave, de dix à douze ans, se vend dix veaux, soit cinquante à soixante sels[1].

Mais la plus grande réserve de sel où s'alimente le Choa est le lac Assal, situé à 30 kilomètres à l'Ouest d'Obock.

« Nous mo..tons et nous découvrons le lac Assal. L'effet est sa.issant. Cette nappe d'eau, d'un bleu intense, bordée d'une large ceinture de sel d'une blancheur éblouissante, se détache crûment des montagnes. C'est un tableau étrange.

« Nous foulons sous nos pieds le sel du lac Assal. Nos chameliers en ramassent autant qu'ils peuvent, pour le revendre au Schoa. La couche s'étend sur une largeur de 1,000 mètres autour du lac. Les yeux sont éblouis par l'éclat de cette surface blanche et éclatante, qui miroite au soleil. J'ai déterminé la dépression du lac par l'hypsomètre : il est à 115 mètres au-dessous du niveau de la mer[2]. »

Un autre voyageur, M. Aubry, décrit l'Assal dans les termes suivants : « Nous arrivons au lac. Là, point de vie ni de végétation ; nul animal, aucun oiseau ; pas un brin d'herbe ne croît dans ce chaos épouvantable de roches volcaniques que l'on croirait à peine refroidies ; des chemins abrupts et escarpés où il faut souvent se hisser avec les

---

[1] Borelli, *Éthiopie méridionale*, p. 332. — Il en est de même à Antoto, dans le Choa.

« Je reviens du marché... Des morceaux de sel servent de monnaie... »
(*Ibid.*, p. 127.)

« Les morceaux de sel qui servent de monnaie divisionnaire s'appellent *Amoulié* en Amhara, et *Sogguidda* en Omoro. »
(*Ibid.*, p. 129.)

« J'ai mis la main sur un ouvrier qui répare les bâts de mes mulets.... Le roi accapare les artisans doués de quelque habileté, et leur donne 3 ou 4 sels par mois, c'est-à-dire 1 franc 50 ou 2 francs, plus une gratification annuelle de 2 ou 3 thalaris. »
(*Ibid.*, p. 148.)

A Djiren :

« Le djébeli est une pièce de cotonnade commune qui se vend couramment sur tous les marchés, et vaut un peu moins de 6 sels, soit 2 fr. 50. »
(*Ibid.*, p. 346.)

A Mont Soumet :

« On savait que j'allais partir, et les prix demandés étaient exorbitants. Ce qui valait 2 sels m'était compté 2 thalaris. »
(*Ibid.*, p. 384.)

[2] Borelli, *Éthiopie méridionale*, pp. 60, 62.

mains, une température écrasante de 45° à l'ombre, et, comme par dérision, vers le soir, un vent chaud et violent, venant du Sud-Est, qui vous couvre de poussière et vous empêche de jouir de la fraîcheur de la nuit ; telle est la vie insupportable qui attend le voyageur au sortir du golfe de Tadjourah. Le lac Assal forme le fond de cette fournaise ; si cet endroit eût été connu aux époques mythologiques, il est certain que c'est là que les anciens auraient placé l'enfer [1]. »

Dans le Tigré, l'exploitation du centre salifère dit le *Plateau du sel*, aux environs d'Adigrat, constitue pour cette ville, chef-lieu de l'Agamé, une source d'abondants revenus. C'est par Adigrat que se fait le transit de la précieuse denrée.

L'Afrique saharienne et soudanienne offre donc un exemple intéressant, et unique par ses proportions, de l'influence que le commerce du sel a exercée de tout temps sur les relations historiques de peuple à peuple. « Peu de produits ont autant contribué à ouvrir des voies nouvelles, à relier des contrées éloignées, à stimuler l'esprit commercial [2]. » Rien n'égale la simplicité de ces grandes lois des rapports entre les hommes, si ce n'est leur caractère impérieux et inéluctable.

---

[1] A. Aubry, *Archives des missions scientifiques*, 3ᵉ série, XIV, 473. — En 1888, le Gouvernement français a concédé l'exploitation de l'Assal, pour une durée de cinquante ans, moyennant une redevance annuelle de 60,000 francs à payer au Trésor d'Obock.

[2] M. P. Vidal-Lallache, *Revue de Géographie*, mai 1885, p 347.